陕西省教育厅哲学社会科学重点研究基地项目“乡村振兴背景下陕西乡镇分布式能源绿色减贫运行机制研究”（项目编号：22JZ040）、西安建筑科技大学许黎科研启动费（项目编号：1608722005）资助出版。

中国式现代化｜人与自然和谐共生系列

绿色信贷政策影响下我国光伏产业发展研究

许黎 著

西安交通大学出版社
XI'AN JIAOTONG UNIVERSITY PRESS

图书在版编目(CIP)数据

绿色信贷政策影响下我国光伏产业发展研究 / 许黎著
. -- 西安 : 西安交通大学出版社, 2023.10
ISBN 978-7-5693-3492-0

Ⅰ. ①绿… Ⅱ. ①许… Ⅲ. ①太阳能发电—电力工业—工业发展—研究—中国 Ⅳ. ①F426.61

中国国家版本馆 CIP 数据核字(2023)第 201599 号

书　　名 绿色信贷政策影响下我国光伏产业发展研究
LÜSE XINDAI ZHENGCE YINGXIANG XIA WOGUO GUANGFU CHANYE FAZHAN YANJIU
著　　者 许　黎
责任编辑 王建洪　郭　剑
责任校对 袁　娟
装帧设计 伍　胜

出版发行 西安交通大学出版社
(西安市兴庆南路 1 号　邮政编码 710048)
网　　址 http://www.xjtupress.com
电　　话 (029)82668357　82667874(市场营销中心)
(029)82668315(总编办)
传　　真 (029)82668280
印　　刷 西安五星印刷有限公司

开　　本 700mm×1000mm　1/16　**印张** 11.25　**字数** 208 千字
版次印次 2023 年 10 月第 1 版　2024 年 3 月第 1 次印刷
书　　号 ISBN 978-7-5693-3492-0
定　　价 78.00 元

如发现印装质量问题,请与本社市场营销中心联系。
订购热线:(029)82665248　(029)82667874
投稿热线:(029)82665379　QQ:793619240
读者信箱:xj_rwjg@126.com

前言

绿色信贷的本质是基于环境状态的信贷配给，根据企业环境状况，对绿色企业给予更多的信贷资本扶持，对高污染高耗能企业起到信贷约束作用。目前研究绿色信贷促进我国光伏等绿色产业发展的学者们大多基于整体的宏观角度进行探讨。本书基于我国光伏产业的微观视角，从光伏企业、农村光伏方面入手，分别研究分析了绿色信贷对它们的作用、效果和重要性。

从我国实践层面来看，绿色信贷是绿色金融中占比最大，对我国绿色产业发展直接影响最深的绿色金融产品。本书的实证研究中，研究了光伏绿色信贷对我国光伏产业发展的影响。我国光伏产业的整体发展过程较为曲折，贷款难一直是我国光伏产业发展面临的一大难题。本书在梳理我国银行开展的光伏绿色信贷政策时发现，这种绿色信贷面向的对象主要包括企业、普通个人用户及农户，其中对于农户的贷款属于农村光伏项目。同时，农村光伏本身也是我国光伏产业发展的新领域，是光伏产业深入发展的体现。为此，本书研究的我国光伏产业的发展包括光伏企业和农村光伏这两个方面。首先，本书通过建立博弈模型，分析了政府补贴和银行贷款对光伏企业的影响，采用在沪深两市上市的所有A股企业的数据，通过DID模型和PSM-DID模型，定量分析了贷款政策对政府补贴和银行贷款的实际影响，结果表明光伏绿色信贷对光伏企业绩效有促进作用。其次，本书将农村光伏也纳入了我国光伏产业发展的范畴。在当前我国乡村振兴大背景下，农村光伏不仅要使农户致富，实现乡村产业振兴，还要保护农村自然生态环境，实现乡村经济与环境的可持续发展。农村光伏适应了我国绿色致富和光伏产业发展的要求，绿色信贷在其中大有可为。此外，本书还研究了农村光伏的融资问题，通过建立政府-企业-农户的三方进化博弈模型，分析研究了农村光伏要达到三方共赢各方的出资比例问题，结果发现，农户在项目初始建设时须有一定比例出资，这部分出资的一般来源便是光伏绿色信贷。同时，本书通过实际案例，采用GMCR模型，研究探讨了农村光伏项目中的冲突问题的发生、解决，说明了绿色信贷在其中的重要性和必要性。

总之，从本书的研究结果来看，绿色信贷对我国光伏产业发展起到了促进作用。光伏产业在面临限贷危机，产业发展陷入困境之时，光伏绿色信贷对其绩效起了很大的促进作用。同时，绿色信贷有助于农村光伏破解融资困境，对达到农村光伏的三方共赢具有重要作用。另外，本书在分析研究上述问题的基础上，给出了完善我国绿色信贷政策以促进光伏产业发展的政策建议。

限于作者水平，书中难免存在一些不足之处，敬请广大读者批评指正。

许　黎

2023年8月

目录

第 1 章　绪论……………………………………………………………（1）
1.1　研究背景、意义及目的……………………………………………（3）
1.2　研究范围及绿色信贷概念界定 …………………………………（8）
1.3　研究方法……………………………………………………………（11）
1.4　研究目标、内容及技术路线 ……………………………………（12）
1.5　本书创新点…………………………………………………………（16）

第 2 章　文献综述及理论基础 ………………………………………（17）
2.1　绿色信贷理论内涵…………………………………………………（19）
2.2　绿色信贷的主体……………………………………………………（20）
2.3　绿色信贷对光伏等绿色企业的作用……………………………（23）
2.4　光伏企业贷款与绩效………………………………………………（24）
2.5　绿色信贷与农村发展………………………………………………（25）
2.6　清洁能源与农村发展………………………………………………（26）
2.7　相关理论基础………………………………………………………（28）
2.8　文献评述……………………………………………………………（32）

第 3 章　我国绿色信贷发展及光伏产业现状 ………………………（35）
3.1　中国绿色信贷发展现状……………………………………………（37）
3.2　我国银行的绿色信贷实践及存在的问题…………………………（43）
3.3　我国光伏产业发展现状……………………………………………（48）
3.4　我国绿色信贷在光伏产业中的实践及存在的问题………………（55）
3.5　本章小结……………………………………………………………（62）

第 4 章　绿色信贷对我国光伏企业绩效的影响:基于博弈模型分析………… (65)
4.1　问题的提出………………………………………………………………… (67)
4.2　光伏贷款博弈模型的假设……………………………………………… (68)
4.3　光伏贷款博弈模型的建立及结果……………………………………… (69)
4.4　光伏贷款博弈结果分析………………………………………………… (72)
4.5　本章小结………………………………………………………………… (78)

第 5 章　绿色信贷对我国光伏企业绩效影响的 DID 和 PSM-DID 分析 …… (79)
5.1　问题的提出………………………………………………………………… (81)
5.2　数据及银行的信贷决策探讨…………………………………………… (82)
5.3　光伏贷款的潜在影响:基于 DID 和 PSM-DID 的评估 ……………… (86)
5.4　本章结果讨论…………………………………………………………… (91)
5.5　本章小结………………………………………………………………… (95)

第 6 章　绿色信贷对我国农村光伏影响的进化博弈模型分析 ……………… (97)
6.1　问题的提出………………………………………………………………… (99)
6.2　政府-企业-农户三方进化博弈模型假设、参数及收益矩阵………… (100)
6.3　政府-企业-农户三方博弈行为决策分析 …………………………… (103)
6.4　参与三方均衡分析 …………………………………………………… (106)
6.5　本章结果分析 ………………………………………………………… (110)
6.6　本章小结 ……………………………………………………………… (113)

第 7 章　绿色信贷对我国农村光伏成功实施的影响:基于实际案例的 GMCR 分析
……………………………………………………………………………… (115)
7.1　问题的提出 …………………………………………………………… (117)
7.2　贺兰县农村光伏冲突情况 …………………………………………… (118)
7.3　贺兰县农村光伏冲突中政府、企业、农户的 GMCR 模型…………… (119)
7.4　绿色信贷解决农村光伏融资冲突的探讨 …………………………… (125)
7.5　本章小结 ……………………………………………………………… (127)

第 8 章　绿色信贷如何促进光伏产业发展的政策建议……………………… (129)
8.1　问题的提出 …………………………………………………………… (131)
8.2　绿色信贷政策方面的建议 …………………………………………… (131)

8.3 绿色信贷在光伏产业发展的不同主体维度的政策建议 ……………（135）
8.4 绿色信贷在农村光伏领域的建议 ……………………………………（144）
8.5 光伏绿色信贷可持续发展建议 ………………………………………（146）
8.6 本章小结 ……………………………………………………………（148）

第 9 章 总结与展望……………………………………………………（149）
9.1 研究结论 ……………………………………………………………（151）
9.2 不足之处 ……………………………………………………………（152）
9.3 研究展望 ……………………………………………………………（152）

参考文献……………………………………………………………………（154）

致谢…………………………………………………………………………（172）

从图中可以看出,超标城市数量在递减,平均超标天数也在减少。从全国城市的环境质量来看,近几年是有所提升的。

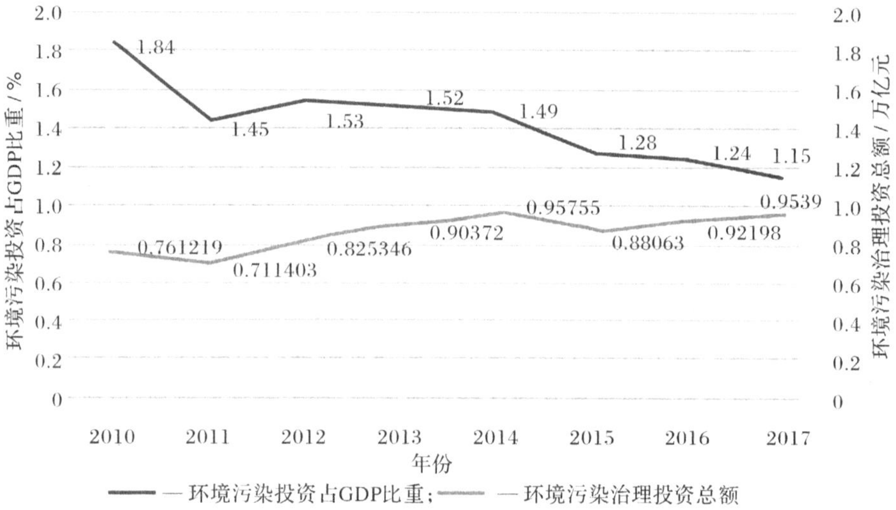

图 1.1 2010—2017 年我国环境污染治理投资情况

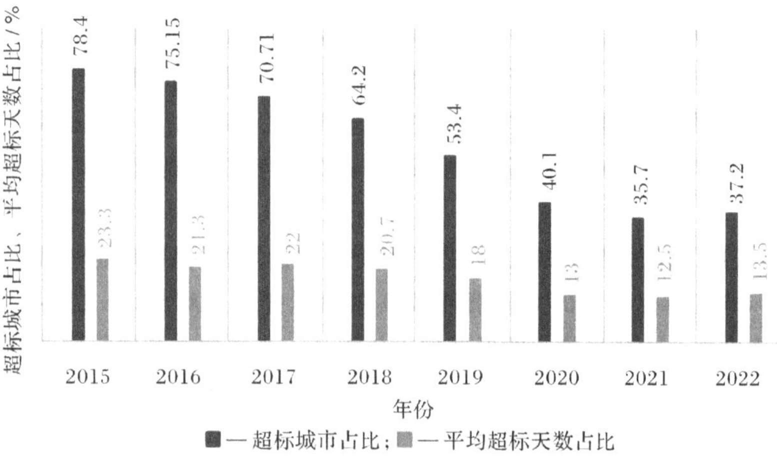

图 1.2 2015—2022 年中国 338 个地级以上城市环境空气质量

世界各国越来越重视光伏等绿色产业的发展,将其作为转变传统粗放式发展模式的新路径。我国处于传统产业转型升级、产能过剩、资源耗竭、环境污染问题愈发严重的时期,发展光伏等绿色产业,实现经济和自然环境的可持续发展是我国新时代经济改革发展面临的重要问题,也是理论和政策研究的热点。2015 年,环保部发布《新常态下环境保护对经济的影响分析》,指出要按照我国的重大战略发展规划，加快国家绿色清洁能源、农村环境综合整治、土壤环境保护、生态保护等八大工程体系建设，将光伏等绿色产业发展作为新的经济增长点。光伏等绿色产业的发展既要起到促进经济发展的作用，又要肩负保护环境，节能减排的重任，最终实现环境与经济的可持续发展。

与此同时，生态环境脆弱同经济贫困并存恶化是我国及许多国家的贫困地区面临的困境，也是联合国2030年可持续发展目标提出要解决的重要问题。2010年第六次全国人口普查结果显示，我国的农村人口为50.32%。2020年的第七次全国人口普查结果显示，我国农村人口占36.11%。这十年间，对于占我国人口大半的农村，解决农民的问题是我国实现绿色经济全面发展的关键环节。《国家八七扶贫攻坚计划》中592个贫困县里，处于生态脆弱区的有80%，绝对贫困的人口中，生活在生态自然环境极度脆弱地区的达95%[4]。同时，我国生态脆弱区每年的自然灾害损失率普遍高于本区的GDP增长率。2012年开始，我国新时代的“五位一体”总布局，明确将生态文明建设纳入经济、政治、文化和社会建设的各方面及全过程。因此，农村工作中还应包括实施生态修复，产业致富，保护环境，改善民生，人地和谐的生态扶贫战略，达到减贫致富与生态保护的“双赢”是我国新时期农村发展的重要方式[5]。2020年之后，我国的贫困特征及扶贫工作的重点发生了改变，相对贫困成为主要矛盾，收入贫困转为经济、生态和社会的多维度贫困[6]。金融在我国减贫致富中具有重要作用。绿色信贷支持绿色发展的理念契合了绿色致富的需求。乡村振兴时期要依然坚持绿色致富的方向，使农村农户在致富的同时还能拥有绿色的生活生态环境，增加乡村村民的幸福感。绿色信贷与农村产业结合时，要因地制宜建立适合当地特色的绿色信贷政策，精准探寻绿色信贷支持乡村走绿色可持续发展之路[7]。

光伏作为公认的最安全的清洁能源之一，是世界各国解决环境污染与传统能源改革问题的重要手段，因为光伏需要的太阳能资源在全世界各地都是最普遍最易获得的，且光伏发电不会产生污染排放，电站容量也可依据需要或大或小地设计建设，且户用光伏可以直接安装到每户家庭中去。这些极大的便利性与优势，使得光伏产业成为我国重要的战略性新兴产业之一。但是，光伏产业在我国的发展经历了曲折的过程。尤其2012年左右光伏产业的寒冬时期，大量的光伏企业倒闭，光伏产业负巨额债务，也使我国的银行业遭受了巨大损失。为此，之后的几年时间里，我国银行业对于光伏产业贷款一直持极度谨慎的态度，光伏产业贷款甚至上了银行贷款黑名单，被限制放贷。但是，光伏产业对于世界和我国长期的节能减排战略、清洁能源的发展具有举足轻重的作用，中国政府在光伏产业遭受重创之后，在总结经验基础上，发布了一系列鼓励光伏产业发展的政策，尤其是绿色信贷政策的发展使得银行业逐渐放开对光伏产业的限贷，出现了光伏绿色信贷（很多银行称之为"光伏贷"）。这对于光伏企业贷款而言是一个利好的消息。在这一大环境下，光伏企业的决策与自身的发展如何，光伏绿色信贷是否有助于我国光伏企业的发展，是本书研究的一个主要内容。由于我国的国土面积广阔，地域之间差别大，尤其还有城市与农村发展差距过大等问题，故光伏绿色信贷面向的用户有企业、普通个人用户以及农户。对于农户的贷款，正是绿色信贷在我国的农村光伏项目中的应用。农村光伏产业最初是我国十大精准产业扶贫中的一种，是我国最初在贫困地区推广的一种扶贫产业，在当前乡村振兴时期，农村光伏产业将进一步扩大到所有农村地区，这也扩大了我国光伏产业本身的发展范围，是光伏产业的深入化发展。因此，本书对于绿色信贷政策影响下我国光伏产业的发展研究主要包括两个方面，即绿色信贷对光伏企业的影响和绿色信贷对农村光伏的影响。

面对当前生态环境持续恶化的状况，通过绿色信贷政策，引导金融资本的配置，推动工业生产由粗放型向绿色化转型，促进整个社会经济绿色化发展，是我国生态文明建设和可持续发展面临的重要问题，也是学术界关注、研究的焦点领域。目前绿色信贷的发展呈现出很多的问题，诸如概念模糊、规模不足等，对于绿色信贷促进光伏产业发展尚处于初级阶段，对扶持光伏企业发展、扶持农村光伏方面的作用和效果的微观方面的研究更少。本书尝试从光伏企业及农村光伏方面入手，基于微观的视角研究绿色信贷的作用、效果及如何完善绿色信贷政策。

1.1.2 选题意义

近年来，世界各国都开始思考人与自然、经济与环境发展之间的关系，对传统的粗放式经济发展方式发出了质疑与否定的声音。改革开放以来，传统的高污染高耗能生产模式，使得我国的经济取得了举世瞩目的成绩，人民的生活水平得到了很大提高，但同时也造成了自然环境破坏严重，自然资源消耗过量的问题。因此，大力发展光伏等绿色产业是我国迫在眉睫的需求和重要任务。本书的研究有助于将绿色信贷如何支持光伏产业的发展由理念转向实践，由宏观转向微观，更为下一步如何优化绿色信贷政策以更好地支持光伏产业的发展提供了参考。

我国要改善光伏企业融资环境，推动企业发展，实现农村光伏的三方共赢，实现光伏产业的绿色致富，都离不开资金的支持。绿色信贷对于促进这些维度的发展，从而实现我国光伏产业的健康发展具有重要理论意义和现实意义。

1. 理论意义

我国学术界近些年来关于绿色信贷的研究成果颇丰，但这些研究大多从宏观角度展开，或者仅在微观角度的某一个层面展开，没有全面地研究绿色信贷对我国光伏产业发展各方面的微观作用。

首先，本书的研究有利于扩展绿色信贷促进光伏产业发展的理论体系。本书在分析我国绿色信贷发展现状及实践经验的基础上，从微观视角研究了绿色信贷对我国光伏产业发展的影响，扩充了绿色信贷理论的外延。与此同时，本书的研究综合运用环境经济学理论、可持续发展理论、金融约束理论、市场失灵和政府干预理论及相关利益者理论和绿色减贫理论，从梳理我国绿色信贷的发展现状、功能、问题入手，分别展开绿色信贷对光伏企业、农村光伏作用的深入研究探讨，这些都丰富了绿色信贷是否及如何促进我国光伏产业全面发展的研究，有利于绿色信贷促进我国光伏产业发展的理论体系的拓展。

其次，本书的研究进一步论证了绿色信贷促进光伏企业发展的理论。中国光伏产业在经历了“双反”和产能过剩后，2013 年开始一度遭受了严重的限贷，在各级政府的支持下，2016 年银行推出光伏绿色信贷——“光伏贷”，对光伏企业的贷款逐步放开。本书通过建立博弈模型研究讨论了政府、银行和光伏企业如何在贷款过程中决策，通过 DID 和 PSM-DID 模型，分析了获得贷款对光伏企业的影响，结果发现光伏绿色信贷提高了光伏企业的绩效，论证了绿色信贷能够促进光伏企业绩效提高的理论。

最后，绿色信贷与农村光伏相结合的研究，丰富了绿色减贫理论，同时本书论证了绿色信贷对于农村产业发展的重要性，扩展了金融减贫致富的研究范畴。目前学界对绿色信贷与农村光伏之间的研究较少，且基本都停留在理论分析层面。本书通过博弈论分析方法，结合农村光伏实际案例经验，实证证明了绿色信贷在农村产业中的必要性和重要性，丰富了金融减贫致富理论。农村光伏作为农村产业的一种，它实际落地的难点就在于资金筹措。本书通过研究农村光伏中政府、企业、农户三者的出资问题，探讨了绿色信贷助力农村光伏达到“三方共赢”的重要性和必要性，从理论和实证方面论证了绿色信贷助力光伏产业实现绿色减贫致富的可行性。

2. 现实意义

本书从光伏企业的发展、农村光伏的成功实施方面，探讨绿色信贷在其中的作用。本书对完善绿色信贷政策，使绿色信贷更好地服务于光伏产业的全面发展具有现实意义。

首先，通过研究绿色信贷的作用，有助于政府、银行等金融机构对绿色信贷实践问题进行总结反思，更好地完善绿色信贷政策。

其次，本书的研究为绿色信贷促进光伏产业发展提供了现实参考。发展绿色信贷有助于优化资本绿色配置，加大对光伏企业的扶持，且从实证角度证明其重要作用，有助于增长加快绿色信贷市场建设的信心，加快绿色信贷产品的创新以适应光伏产业发展的需求，实现传统粗放式经济增长方式到绿色经济增长方式的转变。

最后，通过农村光伏利益相关参与者的博弈分析，发现绿色信贷在其中的重要作用，并给出政策建议，为我国农村产业中绿色信贷的应用提供现实依据，为绿色信贷在农村的实践提供参考。由绿色信贷在农村光伏中的作用可以推广到我国更为广泛的绿色减贫致富实践中，全面实现小康、乡村振兴战略，且这些都可以与绿色信贷相融合，解决发展中最重要的资金问题，助力解决新时期我国面临的乡村振兴问题，推动广大乡村的经济和环境的可持续发展。

1.1.3 研究目的

绿色信贷是否在光伏企业、农村光伏各个维度促进了光伏产业的发展，实证研究这些问题，能够为绿色信贷全面促进我国的光伏产业发展的必要性和有效性提供经验证据。

(1)绿色信贷能否促进光伏企业的绩效及其作用效果如何是本书研究的重要问题。我国光伏产业的发展整体上经历了曲折的过程，尤其是2012年左右光伏产业的寒冬，使得政府、银行等金融机构都对光伏产业的贷款望而却步，光伏产业甚至在银行的贷款黑名单上存在了几年，2016年光伏绿色信贷开始逐渐出现后，光伏产业贷款的春天逐渐到来。在这一过程中，绿色信贷是否确实促进了光伏企业的绩效，有助于光伏企业的自身成长发展，是本书研究的一个主要目的。

(2)本书从实证方面验证了绿色信贷助力农村光伏的必要性和有效性。我国是传统的农业大国，三农问题在我国具有举足轻重的地位，是我国实现乡村振兴的关键。农村产业的绿色化，代表了农村发展的绿色化，也是全社会经济绿色发展的重要部分。农村光伏是一种重要的农村产业模式，也是光伏产业发展的一个新的领域。它既能实现乡村振兴，又能在广大的农村推广光伏，有助于光伏产业的发展。

(3)研究绿色信贷是否在以上的这些维度都起到了重要作用，对于衡量绿色信贷在整体上促进光伏产业的发展，是有利的微观经验证据，也能为我国政府创新引导资源配置方式，提高资本配置效率提供经验证据。

1.2 研究范围及绿色信贷概念界定

绿色信贷促进我国光伏产业发展，涉及的领域较多。绿色信贷于自身而言，国际上并没有形成统一的定义。下面将界定本书研究的范围及绿色信贷的概念。

1.2.1 研究范围

近些年，世界范围内很多国家对绿色信贷促进光伏等绿色产业发展进行了实践和理论探索，本书以我国绿色信贷发展的实践及光伏企业的发展、农村光伏实施存在的资金问题作为研究对象，研究了绿色信贷对光伏企业的信贷影响，以及绿色信贷对农村光伏资金支持的重要性。同时，本书从利益相关者的角度分别研究了政府、企业、银行等主要参与者的行为动机、模式，分析给出了博弈均衡结果，即各个利益相关者的最优行动方案。最后，本书给出了建立完善绿色信贷政策的建议，以推动我国光伏产业及绿色信贷的发展。

1.2.2 绿色信贷概念界定

绿色信贷在范畴上属于绿色金融一个研究子集，且定义尚未统一。各国学术界和不同领域的业界专家，根据自身的发展实践和侧重点给出了不同的定义[8-9]。国际金融公司(International Finance Corporation)将绿色金融定义为“对环境有利的投资的融资”。联合国气候变化框架公约(The United Nations Framework Convention on Climate Change)定义绿色金融为“对地方、国家或跨国融资——来自公共、私人和其他融资来源——寻求支持来解决缓解气候变化的问题”。Cowan[10]认为，绿色金融涵盖了许多主题，如为减少污染、供水、保护自然资源等解决资金问题。环境经济学决定了社会将做什么，环境金融解决了随后的支付问题。Linnenluecke 等[11]认为绿色金融领域结合了金融和环境科学的课题，以开发金融市场方案来解决气候变化这一人类最紧迫的问题。Wang 等[12]认为绿色金融结合了金融、商业活动与环保行为，包括个人和企业消费者、生产者、投资者和金融贷款人等众多参与者，对于不同参与者，绿色金融表现的方式不同，它可能是由财政激励、保护地球的愿景或两者的结合所引导的。与传统的金融活动不同，绿色金融更强调环境保护。Wang 等[13]指出，绿色金融是将环境保护与经济效益相结合，强调“绿色”的新型金融模式。何茜[14]认为，绿色金融比传统的金融涵盖了更广的维度，社会效益与环境效益都包括在内，绿色环保程度是检验金融机构工作效果的重要指标，用于探寻金融业与社会、生态、资源、经济的可持续发展之间的平衡。Ivanova 等[15]认为社会提供环境效益的项目进行的融资称为绿色融资。

为了使当前的金融体系与《2030 年可持续发展议程》保持一致，联合国环境规划署一直在与世界各地的金融当局和金融监管机构合作，为绿色项目提供资金，最终实现可持续发展目标。其中，赤道原则是最著名的银行绿色指导原则之一，它主要识别、评估和管理商业银行在项目融资决策中所面临的环境和社会风险[16]。目前，它已被 37 个国家的 111 家金融机构采用，用于解决如何在经济效益和环境保护之间找到有效的、可持续的发展解决方案[17]。绿色信贷政策是基于赤道原则的国际实践，得到了越来越多银行等金融机构的支持和重视，并在全球范围内传播开来[18-19]。在绿色信贷政策的指导下，银行和其他金融机构提供信贷资金和优惠利率给节能和环保公司，同时对污染环境的企业实行信贷限制贷款政策，且利率也高，以实现资金的“绿色分配”。

绿色信贷的发展是一个复杂的工程，需要各参与主体达成共识，协调展开。但是，现实情况是，目前为止，各参与方的认识和重视程度都不足[20]。对于发达国家而言，环境信息披露体制、环保法律法规体系、公众的环境意识都已发展成熟，绿色信贷对企业的污染行为已产生了自主的约束力，企业会有意识地主动采取防污措施承担环保责任[21]。在中国这样的新兴市场经济国家，绿色信贷尚处于促使企业在生产中降低污染、降低能耗的“浅绿”阶段[22]。李建强等[23]认为发达国家与发展中国家之间，对于绿色信贷的内涵理解存在一定的差异，发达国家更注重气候因素，化石能源都被定义为非绿金融，发展中国家则把低能耗的化石能源投资也涵盖在绿色金融范畴中。这主要是因为两种类型国家处于不同的工业化进程和经济发展阶段。在“浅绿”这一发展背景下，绿色信贷在面对同等资金需求时，会更偏向于污染外部性的资金配给，即对污染项目的资金投资缩减，资金流动时对于污染的敏感性加强了[24]。

国外学者侧重将绿色信贷看作是一种金融工具或市场调整手段，认为它的作用是可以很好地解决环境问题。这种金融政策的调节作用的产生主要依靠金融机构的自愿行为，是一种基于市场手段的选择，比如国际上的“赤道原则”和“碳金融”。中国学者则普遍认为绿色信贷在我国的提出是符合我国生态文明建设政策发展的。2007 年，原国家环保局、中国人民银行、中国银监会联合发布的《关于落实环境保护政策法规防范信贷风险的意见》中首次提出绿色信贷。随后，中国政府相继出台了一系列的绿色信贷政策[25]。2016 年，国家发展改革委等部门发布的《关于构建绿色金融体系的指导意见》提出，“绿色金融是指为支持环境改善、应对气候变化和资源节约高效利用的经济活动，即对环保、节能、清洁能源、绿色交通、绿色建筑等领域的项目投融资、项目运营、风险管理等所提供的金融服务。”同年，G20 绿色金融研究小组建立，其主要任务是，“识别绿色金融发展所面临的体制和市场障碍，并在总结各国经验的基础上，提出可提升金融体系动员私人部门绿色投资能力的可选措施。”

通过对国内外文献的梳理，本书认为绿色信贷是政府、银行等金融机构、企业等将环境保护和节能减排的理念纳入经济融资活动中，通过对金融资源的合理调配以实现经济和生态的可持续发展。

1.3 研究方法

1. 文献研究法

本书在进行研究时，首先查阅了国内外很多的相关文献并进行了整理，对本书研究的相关领域的观点进行了总结，指出以往文献的局限，形成本书的研究思路，提出本书研究问题的创新性和研究意义。本书主要梳理的内容包括：绿色信贷理念的提出；绿色信贷的功能定位；绿色信贷的主体，即政府、银行、企业；绿色信贷对光伏企业的作用；绿色信贷与农村光伏之间的关系等。

2. 系统论方法

系统论方法是指将研究对象放到系统中，用系统的视角研究经济的活动和社会的活动。例如，本书从绿色信贷概念出发，研究了绿色信贷的功能，绿色信贷的构成主体（包括政府、银行、企业），绿色信贷与所研究的光伏企业、农村光伏之间的相互关系、作用，并对这些进行了建模分析，讨论出了最优的解决问题的方案。这整个过程包含了系统论方法的三个重要原则，即整体化、模型化及最优化，属于系统论分析方法。

3. 定性与定量相结合

本书第3章和第8章关于当前绿色信贷的实践发展情况及绿色信贷如何促进光伏产业发展的建议方面采用了定性的研究方法，在第4～7章中主要采用了博弈、计量等定量的研究方法。全书来看，定性是基础，定量是定性的深化研究，最后定性又对定量进行了升华，二者是相互对应、相辅相成的。

4. 理论建模法

在分析光伏绿色信贷对光伏上市公司绩效影响的章节，为了分析贷款中相关利益参与者，即政府、企业、银行的行为，本书建立博弈模型得出均衡解。在探讨绿色信贷对农村光伏必要重要性的章节中，构建了政府、企业、农户之间的进化博弈模型，得出农户在农村光伏项目中出资的充分必要性结论，接着通过实际案例，建立了GMCR模型，得出了政府、企业、农户各自的最优解。

5. 计量建模法

在分析绿色信贷对光伏上市公司绩效影响的章节，本书采用了DID、PSM-DID等计量模型。

6. 数值模拟法

本书在探讨绿色信贷对农村光伏重要性的章节中，构建了政府、企业、农户之间的进化博弈模型，然后结合实际调研对博弈模型的均衡结果进行了数值模拟分析，使得抽象的博弈模型变得具体化、可视化。

7. 调研访谈法

本书在探讨绿色信贷对农村光伏重要性的章节时，遇到的很大问题就是一手资料欠缺，为此作者实地调研访谈了农村光伏项目相关的政府人员、参与企业、农村干部及农户等，为数值模拟分析提供了参考数据。

8. 案例研究法

在农村光伏章节的 GMCR 模型中，具体使用了宁夏的农村光伏案例，使得本书进化博弈的研究结论更具体化，更有现实意义。

1.4 研究目标、内容及技术路线

1.4.1 研究目标

绿色信贷是金融与绿色发展问题的结合。本书的光伏产业贷款问题涉及光伏企业的绩效、农村光伏项目成功实施，其中存在的问题都是资金的问题，是绿色信贷可以解决的问题。为此，本书的研究目标是通过理论分析、博弈和计量实证研究分析探讨绿色信贷对光伏企业绩效的作用，以及绿色信贷在农村光伏中的作用和重要性。并在此基础上，探讨如何完善绿色信贷政策，以更好地服务光伏企业、农村光伏项目等，使绿色信贷更好地服务于我国光伏产业的发展。

1.4.2 研究内容

本书以绿色信贷影响下中国光伏产业的发展情况为研究对象，分别以光伏企业、农村光伏作为微观的研究视角，对绿色信贷是否促进了光伏企业的绩效、是否有助于农村光伏的成功实施以及如何完善绿色信贷政策以更好地促进中国光伏产业的发展进行了研究探索。本书研究的具体内容如下：

第 1 章为绪论。本章首先阐述本书的研究背景、意义及目的，然后交代了研究范围以及采用的研究方法，之后是研究目标、内容与技术路线，最后提出了本书的创新点。

第 2 章为文献综述及理论基础。本章结合本书研究的问题，在绿色信贷促进我国光伏产业发展的主要方面总结了之前学者们的研究成果。首先就绿色信贷理论内涵、绿色信贷主体做了阐述，之后就本书的实证研究的问题，在绿色信贷对光伏企业的作用，光伏企业贷款与绩效，绿色信贷与农村发展以及清洁能源与农村发展等方面做了文献梳理。本书的研究属于交叉学科范畴，涉及许多相关理论基础，故本章列出了主要的六种直接相关的理论基础：生态经济学理论、可持续发展理论、金融约束理论、市场失灵和政府干预理论、利益相关者理论以及绿色减贫理论。最后，本章对相关文献做了评述。

第3章为我国绿色信贷发展及光伏产业现状。本章根据我国主要银行绿色信贷发展的实践经验，总结绿色信贷的主要功能和面临的主要问题，提出本书后面的研究问题。绿色信贷主要的功能是一手收紧高污染高耗能的信贷，一手优先扶持绿色企业的信贷，此外还支持农村项目的信贷，但是在实际执行中存在一些问题。本章还回顾了光伏产业的发展历程，分析了光伏产业的贷款难的历史问题，且对我国光伏产业的新领域——农村光伏的发展情况与贷款等问题也做了相应的梳理总结。之后，本章对我国绿色信贷在光伏产业中的实践和存在的问题进行了梳理说明。本章为后续第4～7章的定性定量分析奠定了现实基础与依据。

第4章为绿色信贷对我国光伏企业绩效的影响：基于博弈模型分析。本章建立了一个包含政府、银行和企业的博弈模型，研究了政府、银行和企业如何处理光伏企业贷款请求问题，分析了各利益相关者在光伏企业贷款方面的决策行为的影响因素。

第5章为绿色信贷对我国光伏企业绩效影响的DID和PSM-DID分析。本章利用中国光伏上市公司2007—2017年的面板数据，研究了银行贷款对光伏企业经营绩效的影响，用定量研究方法分析银行贷款与光伏企业绩效之间是否存在很强的因果关系。

第6章为绿色信贷对我国农村光伏影响的进化博弈模型分析。我国尚未有绿色信贷支持精准扶贫的法律法规和政策，银行等金融机构关于在农村光伏领域融入绿色信贷的活动相对较少，只是在精准扶贫政策、乡村振兴政策等农村政策中提到了金融的重要性。本章通过建立农村光伏中主要的参与者，即政府、企业与农户的三方进化博弈模型，研究了农村光伏要达到三方共赢局面的均衡情况，尤其是农户出资在有绿色信贷扶持背景下的作用。农村光伏要实现政府、企业、农户三方共赢，农户必须出资，但是农户缺乏资金来源和信贷支持，而绿色信贷能破解这一难题。

第7章为绿色信贷对我国农村光伏成功实施的影响：基于实际案例的GMCR分析。本章通过农村光伏的具体案例，进一步说明了绿色信贷在解决农村光伏融资需求问题中的重要性。本章研究探讨了在宁夏贺兰县农村光伏项目发生冲突时，政府、企业、农户的解决方案，为农村光伏项目如何通过绿色信贷成功实施提供政策建议。

第 8 章为绿色信贷如何促进光伏产业发展的政策建议。本章结合绿色信贷实际发展情况与本书前几章绿色信贷对光伏企业影响的实证分析，从多维度给出了完善绿色信贷政策以促进我国光伏产业发展的建议。具体包括：绿色信贷政策方面的建议；绿色信贷在光伏产业发展的不同主体维度，如政府与市场、银行等金融产业、企业等维度的政策建议；绿色信贷在农村光伏领域的建议。最后，本章对光伏绿色信贷的可持续发展给出了建议。

第 9 章为总结与展望。本章总结了全书的主要结论，提出了不足之处，并就未来的研究方向进行了展望。

1.4.3 技术路线

依据研究内容，本书的技术路线如图 1.3 所示。理论基础是本书展开研究的根基。本书通过理论研究，对我国绿色信贷发展及光伏贷款现状采用政策、文献研究的方法，进行了归纳总结。本部分研究的结果，是本书后续研究的现实依据与基础。在光伏绿色信贷的实践中，作者发现光伏绿色信贷主要面对的对象为企业和农户。农户的光伏绿色信贷是针对我国的农村光伏项目开发的绿色信贷种类。为此，接下来的实证部分，首先研究了绿色信贷对光伏企业绩效的影响，即建立政府、银行、企业之间的博弈模型，分析三方主要利益相关者在面对光伏绿色信贷时各自的决策问题，得出初步结论；同时，采用我国上市企业数据，运用计量方法，分析了光伏绿色信贷对我国光伏企业上市公司绩效的影响效果。接下来，本书研究了绿色信贷对我国农村光伏的影响，首先建立了政府、企业、农户之间的进化博弈模型，探讨三者之间要达到三方共赢，农户的光伏绿色信贷必不可少；同时，采用案例分析的方法，运用 GMCR 模型，探讨了农村光伏实际案例的冲突情况，指出在农户光伏绿色信贷缺失的情况下，各方的利益都受到了损害；之后，给出了绿色信贷助力解决农村光伏融资困难的建议。这部分关于绿色信贷对我国农村光伏影响的研究，技术上采用了进化博弈加案例分析的方法。最后，在实证研究的基础上，本书采用理论研究的方法，对绿色信贷如何促进我国光伏产业的发展给出政策建议。

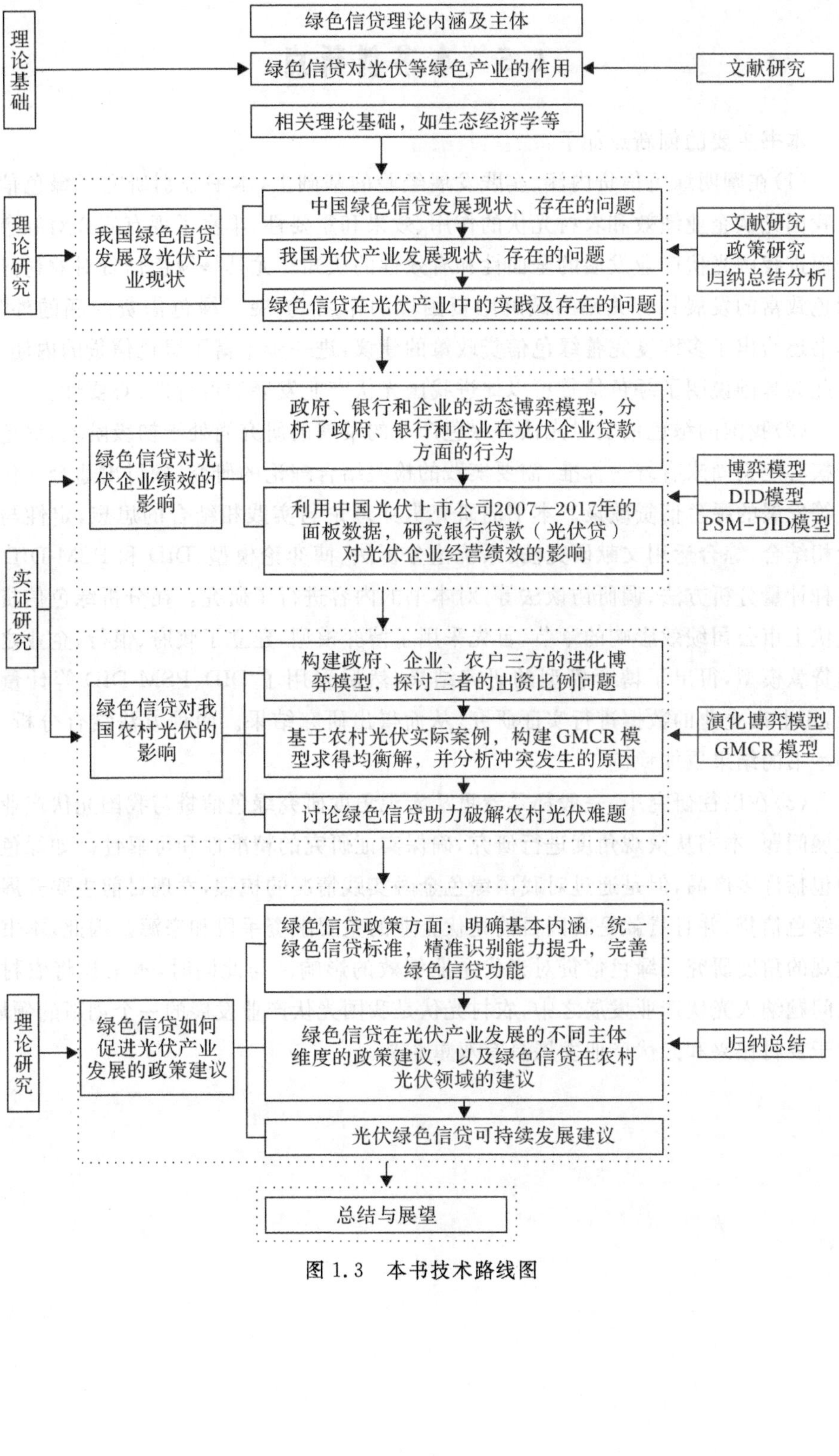
理论基础
绿色信贷理论内涵及主体
绿色信贷对光伏等绿色产业的作用
相关理论基础，如生态经济学等
文献研究
理论研究
我国绿色信贷发展及光伏产业现状
中国绿色信贷发展现状、存在的问题
我国光伏产业发展现状、存在的问题
绿色信贷在光伏产业中的实践及存在的问题
文献研究
政策研究
归纳总结分析
实证研究
绿色信贷对光伏企业绩效的影响
政府、银行和企业的动态博弈模型，分析了政府、银行和企业在光伏企业贷款方面的行为
利用中国光伏上市公司2007—2017年的面板数据，研究银行贷款（光伏贷）对光伏企业经营绩效的影响
博弈模型
DID模型
PSM-DID模型
绿色信贷对我国农村光伏的影响
构建政府、企业、农户三方的进化博弈模型，探讨三者的出资比例问题
基于农村光伏实际案例，构建GMCR模型求得均衡解，并分析冲突发生的原因
讨论绿色信贷助力破解农村光伏难题
演化博弈模型
GMCR模型
理论研究
绿色信贷如何促进光伏产业发展的政策建议
绿色信贷政策方面：明确基本内涵，统一绿色信贷标准，精准识别能力提升，完善绿色信贷功能
绿色信贷在光伏产业发展的不同主体维度的政策建议，以及绿色信贷在农村光伏领域的建议
光伏绿色信贷可持续发展建议
归纳总结
总结与展望

图 1.3　本书技术路线图

1.5 本书创新点

本书主要的创新点如下：

(1)在阐明绿色信贷内涵、实践发展经验的基础上，本书分别研究了绿色信贷对我国光伏企业绩效和农村光伏的作用、效果和重要性，丰富了现有研究对绿色信贷促进我国光伏产业发展的全面性和有效性的认知。尤其是绿色信贷对农村光伏绿色致富的发展具有关键的破解融资困境的作用，扩展了绿色信贷内涵的外延。本书还给出了多维度完善绿色信贷政策的建议，进一步丰富了绿色信贷的内涵，并以此为基础说明了绿色信贷可以促进我国光伏产业发展的可行性、必要性。

(2)我国的绿色信贷对光伏等绿色产业的发展的研究尚处于初级阶段，绿色信贷核心定义尚未有统一标准，需要实践的检验结合理论的研究，探讨出适合光伏产业等发展的绿色信贷政策。本书的研究贯穿理论与实践相结合的思想，定性与定量相结合，综合运用文献研究法、系统论分析法、博弈论模型、DID 和 PSM-DID 等多种计量分析方法、调研访谈法等，对本书的内容进行了研究。在分析绿色信贷对光伏上市公司绩效影响的章节，首先采用了博弈模型，建立了政府、银行、企业之间的贷款模型，得出了博弈模型的研究结果，然后采用了 DID、PSM-DID 等计量模型，用上市企业的数据进行实证研究，从而得出研究结果。两种方法结合分析，使得本书的结果更加稳健。

(3)在以往研究中，一般都是着重从宏观角度研究绿色信贷与我国光伏产业的发展问题，本书从微观角度进行研究，确保实证研究的精准性和可靠性。如绿色金融包括许多产品，但是通过对我国绿色金融实践情况的梳理，发现目前主要开展的是绿色信贷，并且贷款是我国目前光伏企业的主要融资手段和来源。因此，本书从微观的角度研究了绿色信贷对光伏企业绩效的影响。与此同时，本书还将农村光伏问题纳入光伏产业发展之中，农村光伏是我国光伏产业发展的一个创新的领域，对于乡村振兴和光伏产业发展具有双重意义。

第 2 章

文献综述及理论基础

2.1　绿色信贷理论内涵

2.1.1　绿色信贷理念的提出

20 世纪 80 年代，联合国首次在国际上提出了“绿色”理念，提议建立“绿色”的工业体系，以应对全球的气候变化和污染及能源枯竭等问题[26]。随着专家学者对这些问题的不断研究和深入理解，经济与生态二者协调可持续发展变成了重要议题，并衍生出了经济社会的绿色发展、绿色转型及绿色增长等研究课题[27-29]。随着环境意识的重要性日益普及，环保标准逐渐加强，绿色理念与金融如何结合才能达到共赢，于是产生了绿色信贷，并日益成为各国政府及专家学者的研究热点之一。自然环境的持续恶化，实业经济对于绿色项目投资的自主动力和融资渠道匮乏，是绿色信贷提出的现实背景根源[30-31]。绿色信贷理念在《里约环境与发展宣言》《21 世纪议程》《银行业关于环境和可持续发展的声明书》《保险业关于环境和可持续发展的声明书》及《联合国气候变化框架公约》等文件出台后，正式进入了全球范围内关注推广的舞台。

2.1.2　绿色信贷的功能

绿色信贷是传统金融响应时代发展的必然趋势，是绿色发展的重要推动力。绿色信贷作为一种特殊的金融政策，它的功能主要有：

(1)绿色信贷通过对资本配置的调整，引导资本积累和流动的方向，可有效识别和防范环境问题引起的风险。一方面，绿色信贷对金融自身的可持续发展开创了新的领域，金融格局出现新的机遇；另一方面，社会资本也被充分地调动起来，补充绿色发展存在的资金缺口[14]。

(2)环保政策和产业政策传导功能。绿色信贷可以通过引导信贷投向，实现对环保产业和清洁能源产业的支持，同时抑制污染企业的资金流入，实现环保政策和产业政策的传导。

(3)促进经济增长功能。绿色信贷可以为环保产业和清洁能源产业提供资金支持，促进这些产业的发展，从而带动经济增长。此外，绿色信贷还可以促进银行优化资产负债结构，提高银行盈利能力，从而进一步促进经济增长。绿色资本的流动会使绿色发展向全社会经济的运行扩展，实现有效的环境保护，达到产业结构的绿色转型升级，激发经济发展的新动力，挖掘经济增长的新潜力。

2.2 绿色信贷的主体

绿色信贷的主体主要有政府、银行、企业和个人等，内容十分丰富。

2.2.1 政府：绿色信贷的引导者

绿色信贷机制，与政府“命令＋控制”的直接管制机制不同[14]。气候变化和环境污染问题的复杂性及公共安全的特征，会使完全以市场手段来解决时，出现市场失灵的状况，使得企业环境外部性内部化难以实现，这时需要政府干预的手段，采取环境规制等措施来约束和激励相应的产业企业，促进环境外部性的内部化[32-33]。政府的规制政策是平衡生态与经济共生，缓解资源耗竭与环境恶化，贯彻绿色信贷理念切实作用于实体经济的关键[34]。

Robyn 等[35]认为每个国家应依据自身的公共干预类型，设置一个全面的“绿色信贷生态系统”，包括一套整体的制度、政策和组织来支持绿色投资。因为绿色信贷生态系统的一个重要组成部分是提供稳定和有利的政策环境，不仅提供金融支持，而且设置监管和税收制度，以鼓励长期绿色私人投资，并促进最佳(从投资者和环境角度)的投资准入和退出。政策环境的长期稳定对于确保创新和高风险的绿色企业的融资至关重要。戚湧等[36]认为，绿色信贷的发展在西方国家主要依靠市场来促进，但是中国当前主要还是依靠政府监管和银行等金融机构的引导来推进其工作的展开，是一种自上而下的模式。绿色信贷在中国已是国家战略中的重要一步，载入了政府日常工作进程，绿色信贷目前存在的困境会在一定程度上影响整个国家的发展规划和进程[37]。

中国政府一直以来主导着中国的金融体系，在信贷资金配给中属于重要的角色[38]。由于中国金融资源的稀缺性，故在金融机构的资金分配中，信贷配给机制至关重要。对于地方政府而言，过分强调经济发展的“政治锦标赛”会使地方政府在面对经济效益好和环境效益好的项目时，会更侧重前者，忽视后者[39]。在这种情境下，绿色企业会受到严重的信贷约束。但是，随着中央到地方绿色信贷体系的不断完善，环境在信贷分配中的位置会越发靠前，有利于绿色企业的融资，阻碍高污染高耗能企业的融资。董捷[20]认为部分地方政府在利益面前，会更注重经济发展，可能忽视甚至采取有害绿色信贷发展的行为。田辉[40]认为运用绿色信贷来缓解气候变化和缓解污染的问题，具有风险高、周期长和投入大等困难，只依靠市场无法解决，必须引入政府来给予必要的重要的支持。夏天添等[41]发现，政府对绿色信贷扶持程度越大，企业越能更好地获得绿色金融资源，从而践行自身的“环保承诺”。易纲[42]认为绿色信贷需要更多的民营、私人资本的加入，使得融资的“环境友好”，在政府＋市场的支持作用下实现可持续发展。

不管是银行等金融部门的利率，还是信贷配给方面，政府一直以来都进行着深度干预。以国有银行为主导的金融体制，使得金融机构的信贷行为受到政治目的的影响，存在“政治融资次序”[43]。李建[44]提出了“政府主导＋市场驱动”的绿色信贷发展机制，包括资本转换、风险分散、人才培养、政策导向、资本引导等机制，应发挥这些机制的作用，以达到产业结构升级优化发展的目的。张海波等[45]考察了绿色信贷主体，即政府、银行及企业三方的博弈问题。他们发现非合作模式下政府补贴可以促进银行及企业的绿色投资行为，对于三方的收益都有提升；协同合作模式下，政府自身的绿色信贷参与行为及整个系统的收益都会达到最优。戚湧等[36]认为，对于绿色信贷，政府实行监管的出发点是银行等金融机构的利率优惠力度和企业展开的绿色生产模式。

总之，政府是中国目前环境治理的主体[46]。政府一般采用行政治理手段或直接投资手段来进行环境保护活动。一方面，行政治理手段可以使政府在短时间内下达强制性节能减排目标，规制企业生产方式，达到短期目标。但是长期而言，采取这种手段的作用会减弱。行政手段可能会迫使大量污染企业倒闭并退出市场，无法真正促进企业的升级转型和转为绿色发展。另一方面，直接投资手段对于环境治理可以起到直接的作用，但是对于政府而言，大量的资金投入是个很大的压力。

2.2.2　银行：绿色信贷的执行者

银行等金融部门有责任通过信贷分配机制对资金进行配置，在对绿色项目提供更丰富资金的同时，对污染项目进行强化约束，即坚持绿色信贷的理念，引导企业向绿色方向发展[30]。董捷[20]认为银行产业只是对绿色信贷发展展开了初步的尝试，只有监管部门和部分银行意识到了绿色信贷是业务转型、创新管理模式的新途径，但有些银行对绿色信贷的重要性欠缺认识和存在误区，影响了这方面活动的展开。目前，金融产业主管部门的绿色信贷目标也只表现在限制“两高一剩”和实现节能减排目标方面，距离对于整体的绿色信贷体系战略的全面展开还有一段距离。李善民[47]研究发现，金融监管部门的惩罚和支持，监管体系内部的监管压力的传递，会促进绿色信贷的供给和发展。牛海鹏等[38]认为，银行等金融机构会对不符合绿色信贷政策的企业及项目进行资金配置，降低高污染高耗能产业企业的融资便利性，牵制这些产业的资金来源，抑制它们的盲目发展，迫使不合格高污染高耗能企业在节能减排污染治理中发挥主动性，加大对环保技术的投入，以逐步达到环境和经济的可持续发展。刘爽[48]研究发现，绿色信贷的实施离不开准确、详细的企业的环境信息。银行只有在全面掌握企业的各类环境信息,比如环境投入费、环境收益、环境相关资产之后,才能充分发挥绿色信贷的作用,督促企业切实改善生产经营相关的环境问题,达到环境保护的目的。戚湧等[36]认为,实行绿色信贷的银行等金融机构对于企业未来的盈利能力是否通过加大技术研发创新投入提高更为看重。李亮等[49]收集了 2010—2017 年中国 6 家上市银行的数据,通过 VAR 模型和样本试算结合的方法,研究了央行宏观审慎评估(MPA)考核加入绿色信贷的效果,结果发现,加入这一考核后,绿色融资规模和宏观审慎资本充足率都有显著提高,有利于中国绿色产业的发展和产业结构的升级优化。李淑文[50]认为,对银行等金融机构而言,绿色信贷可以在开展新的商业业务的同时,又可以承担社会责任,创立特色品牌赢得差异化竞争,有助于金融产业自身的可持续发展。夏天添等[41]认为,绿色信贷与传统的银行等金融机构以追求经济利润最大化的目标不同,具有公共服务的特性,即商业产品和公共产品的性质合二为一,一般需要政府制定相应的政策给予支持与制约。杜莉等[51]认为,从微观角度来看,绿色信贷带来的环境风险转移、金融资产结构的调整及金融创新的发展等,也可以促进银行等金融机构的可持续发展。

总之,中国的银行等金融机构参与绿色信贷的动力不仅受到政府的影响,还受到绿色项目的盈利和风险性综合考虑的影响。

2.2.3 企业:绿色信贷的实践者

企业虽然是参与绿色信贷的实施者,但目前为止,大多企业对绿色金融的认知尚且缺乏,更谈不上积极参与绿色金融活动。李建等[37]认为当前中国的绿色金融发展处于困境之中,对于企业而言,优质的绿色产业企业因为金融扶持不足,错过了企业发展成长的机会,而非绿产业企业却能维持经营,甚至逆风发展。同时,他们认为绿色企业存在道德风险的主要原因在于金融监管部门,具体表现在对企业绿色行为的难以有效识别,导致激励问责难以量化。牛海鹏等[38]认为中国的绿色金融政策最开始的目的是为了环境保护活动筹集资金,后来随着该政策在产业结构调整及发展中的作用逐渐体现出来,以绿色信贷为主的绿色金融体系逐渐发展,起到了抑制污染产业,逐步抑制过剩及淘汰落后产能,以及促进绿色企业产业发展的作用。刘爽[48]发现绿色金融对于企业而言,提出了应重视环境和做好环境信息披露的工作。信贷对于企业的发展至关重要,企业的环境信息披露不够,企业的生产经营污染方面投入和治理不够,会直接影响企业贷款的获得性,更会丢失掉获得其他相关的对于绿色企业发展享受优惠政策的机会。夏天添等[41]发现,企业环保投入的成本越高,企业受到的融资约束越低,绿色金融效率与企业环保投入之间存在负相关作用。陈凯[52]认为绿色金融中对于融资便利性和融资成本可进行差异化设计，在污染企业的生产成本函数中加入污染成本使总成本升高，在绿色项目的生产成本中将环保成本分摊使总成本降低，这将使投资利润率出现升降变化，从而使更多资金流向绿色项目，最终促进绿色产业的发展。

学术界普遍认为企业对于不断恶化的自然环境具有不可推卸的社会义务，企业有责任在生产经营中考虑是否会产生污染，尽力采取低污染低能耗的技术和生产方式，多进行绿色生产[53-55]。企业是绿色金融发展的动力，企业推动着经济的发展，同时在发展过程中消耗着自然资源，也是造成生态破坏和环境污染的直接原因。因此，在绿色金融发展中，如何平衡企业的发展，使其既能保持经济的增长，又能符合生态环境的可持续发展，除政府的引导外，企业自身对绿色发展方向的把握，提高企业的竞争力是关键。企业参与绿色金融，加速自身绿色发展的原因主要是政府给予的环境惩罚压力、绿色金融政策补贴等激励以及自身参与市场竞争的压力。

2.3　绿色信贷对光伏等绿色企业的作用

光伏等绿色项目的开展，比如清洁能源、生态修复、节能环保研发等项目，对企业投资能力具有较高要求。绿色投资会出现期限错配、回报周期长、风险高和外部性突出等问题。在中国的传统金融体系中，大量的长期绿色投资项目被企业出于对债务的风险担忧所放弃[56-57]。李中[58]认为绿色金融在中国处于初级发展阶段，企业对于绿色项目的公共产品性会产生较多的“搭便车”心理，出现“公地悲剧”的现象，绿色企业的发展方向不明朗。连莉莉[59]实证分析了 2000—2014 年的上市公司，研究发现，绿色信贷能有效促进绿色企业的发展，降低其债务融资成本，但是需要建立相应的双向监管体系，保证绿色资金的实际使用情况。Bergset[60]认为绿色初创企业通过将发展可持续和环境友好型创新引入市场，有助于自身向更可持续的经济转型。由于特定的产品特征、创业动机及企业战略都可能与其他企业不同，绿色公司在早期阶段可能更难获得融资，因此，为了使投资者和初创绿色企业之间更好地匹配，政府等中间人的支持可以是一种解决方案。陈楚[61]认为传统的产业企业在绿色发展转型期，普遍会出现短期内的收益下降，这会降低企业对于绿色项目的投资意愿。王康仕等[62]用 2010—2015 年 260 家绿色企业数据，实证了绿色信贷如何影响所选企业的投资机制，研究结果发现：绿色项目具有长期回报性特点，需要长期的资金投入；长期的债务规模扩大可以延缓企业期限错配的问题，对绿色企业起到投资增长作用。

一些学者认为绿色信贷等绿色金融手段有助于绿色企业的绿色投资，从而促进绿色经济的发展。He 等[63]以中国 150 家可再生能源上市公司为例，从绿色信贷的角度构造了一个门槛效应模型来研究可再生能源投资和绿色经济发展指数之间的非线性关系，研究结果表明，可再生能源投资对绿色经济发展指数的影响存在两个绿色信贷门槛，其效应分为促进、抑制和促进三个阶段；同时，在绿色信贷门槛的作用下，可再生能源投资有效提高了 2011 年后的绿色经济发展水平。凌玲等[64]编制了 2002—2015 年的环保-金融投入产出表，定量分析了绿色信贷与环保业的关系，研究发现，二者之间的关系紧密，金融业对环保产业的直接分配及完全分配系数明显增大，且环保业在绿色信贷的带动下逐渐由弱辐射产业转变为强辐射产业。戚湧等[36]认为企业在绿色信贷驱动下，持续的科研及创新投入对企业实行绿色生产模式的意愿影响较大。牛海鹏等[38]利用 2001—2015 年中国属于绿色企业的上市公司的数据，建立双重差分法(DID)模型，实证分析了绿色信贷政策的实行效果。研究结果发现，绿色信贷有助于绿色企业的融资，绿色企业的信贷支持显著增加了，但是对其融资成本没有显著差异和影响。肖黎明等[65]发现绿色证券对绿色投资效率包括的规模效率及纯技术效率有显著促进作用，进而可以提高企业绿色投资效率。

2.4 光伏企业贷款与绩效

中国政府在提升企业绩效方面有着直接的影响，并为正在转型发展中的企业提供有力的支持[66-67]。Cheng 等[68]认为，中国中央政府有着长期的国家战略，主要通过政策干预、保护产业，以保持经济稳定增长。地方政府是中央政府政策的主要执行者，他们也为自己管辖范围内的企业发展提供支持。财政分权激励地方政府为当地发展提供更好的公共服务和其他企业援助[67,69]。从 20 世纪 90 年代末开始，地方官员的任免以 GDP 考核为标准，因此，中国地方官员把重点放在狠抓地方经济增长上[70]，甚至为了促进经济发展而干涉常规的商业活动[71]。

实施银行优惠贷款措施是政府向企业提供支持的一种常见机制，也是政府体现其影响力和实现政治目标的最常见手段之一[72]。在中国，由于银行的垄断地位，银行经理有很大的权力影响贷款的分配[73]，同时，银行经理的任命和晋升是受到当地官员影响的，银行经理倾向于给有政府关系的企业授信贷款[74]。补贴是政府向企业提供支持的另一种政策工具[75]。中国政府一直在推行“重商主义”政策，向企业提供大量政府补贴[76]。当企业面临危机时，地方政府可以通过提供补贴来进行扶持[77]。

政府的支持可以促使银行向企业放贷。银行通过分析研究企业过去和现在的财务状况、盈利能力、产业市场等来审计公司的信用风险[78]。银行监督企业的主要成本是收集公司偿还能力的信息[79]。政府的担保使银行更容易给企业提供高风险贷款[80]。此外，国有银行受到的监管水平普遍较低[81]。它们往往有较高的不良贷款比率，会损害自身的业绩和效率[82]。许多文献研究了银行监管制度对信贷风险的影响[83-85]。

虽然政府向企业提供的支持往往旨在提高企业的业绩，但这种支持的影响却是不确定的。孙传旺等[76]收集了 1239 家在深交所上市的中国企业的政府补贴数据，研究发现获得更多补贴的企业并没有获得更好的财务绩效，而是表现出更高的社会绩效。Deng 等[86]研究发现，经济刺激方案出台后，政府干预导致了企业过度投资，这实际上损害了企业的绩效。

贷款和补贴对企业的影响在国有企业和私营企业之间可能是不同的。在我国，国有企业具有稳定经济发展的作用，它们一般享有优先贷款的权利[67,74,87]。国企在获得地方政府金融支持方面享有优先权，因为它们的运营和盈利能力对地方经济和地方官员很重要[88-89]。地方政府可能会不遗余力地支持国有企业，例如，提供紧急援助以偿还贷款，鼓励银行延长贷款期限[88]。另外，由于抵押物数量不足和意识形态的歧视，民营企业在申请银行贷款时容易被视为风险较高的借款人，因此银行贷款主要留给国有企业[90-91]。在这种情况下，有政府关系可以帮助企业更容易获得银行贷款，这对中小企业尤其重要[92]。

中国光伏产业反映出了上述所有问题。然而，之前的文献没有研究关键角色——政府、银行和光伏企业——如何共同制定光伏产业的贷款政策，缺乏关于获得银行贷款对光伏企业绩效影响的实证研究。Yuan 等[93]认为，获得银行贷款的高成本使光伏的入网程序复杂化，严格的补贴政策导致光伏产业的发展慢于预期。Luo 等[94]建议政府完善法律、机构和政策的建设和管理来防范光伏项目融资风险问题。Zou 等[95]研究发现，缺乏市场监管阻碍了竞争性市场的形成，近年来大型光伏项目虽然通过补贴政策得到了推广，但大规模的政府补贴也带来了负面影响。

2.5 绿色信贷与农村发展

改革开放以来，中国的城市和乡村发展发生了剧烈的变化。随着城镇化和工业化的一步步推进，中国农村衰落现象越发严重，表现出了产业发展大大落后于城市，大量年轻劳动力流出，老龄化问题严重，生态环境也不断恶化等问题[96]。一直以来，相比城市，农村的金融市场存在严重缺失，资金供给严重不足，“融资难、融资贵、融资慢”等问题[97]。这些严重阻碍了农村产业项目的展开。绿色信贷是破解这一难题的关键。

农村的绿色信贷相比较城市更具有天然联系。“三农”的基调是绿色，农村绿色保护，农民绿色增收，农村产业绿色发展，农村的振兴规划落地实现，绿色信贷的支持至关重要[98]。虽然农村的天然色就是绿色，但是由于农村缺乏环保监管体制，农民对环保维权意识薄弱，农村更易遭受环境污染，因此，学者们认为绿色信贷的发展有利于农村生活环境的保护[99-100]。我国农村的现状是，环境和经济薄弱情况并存，还存在刚刚脱贫后又返贫的可能，减少相对贫困走向共同富裕的成本和难度都很大，制约着大片农村地区的乡村振兴和可持续发展。实现人类社会的可持续发展，这是绿色信贷和扶贫工作的共同本质与内在联系[101]。2019 年，人民银行、银保监会、证监会、财政部、农业农村部联合印发《关于金融服务乡村振兴的指导意见》，指出要建立完善农村金融市场体系，围绕“三农”绿色金融，进行金融服务和产品的创新，以适应乡村振兴的多元融资需求。

学术界对于绿色信贷与农村发展的具体实施层面的研究尚处于开始阶段，大多是从宏观的角度展开[7,102-103]。王波等[104]提出要建设“政府引导、市场运作、社会参与”的农村绿色信贷机制，协调统一好政府、市场和社会的关系，充分发挥三者的功能，为乡村振兴做好服务。程翠云等[105]认为绿色信贷支持的农村光伏项目，应该是属于绿色产业的项目，农户所在村提供土地，大自然提供阳光，企业提供技术和设备等生产要素，偏远农村最缺乏的就是将“阳光”转化为财富收益所需要的资金投入，而绿色信贷刚好可以解决“钱从哪里来”的问题，促进生态产业化的发展。另外，绿色信贷在农村展开业务时，会出现利润动力不足、绿色征信成本较高等问题。王劲屹[106]认为，为确保农村的绿色信贷顺利开展，政府应建立绿色信贷平台，规划顶层设计，引导农民积极参与环境保护以及实施强制性制度的变迁等措施。赵杰[102]建立了绿色信贷的减贫效应模型，实证得出，绿色信贷对脱贫率提升有显著的促进作用，绿色金融发展每提高 1%，贫困率下降 0.3546%。

2.6 清洁能源与农村发展

能源本身并不能使人们摆脱贫困，但获得能源是经济增长的先决条件[107-110]。许多研究表明，将减贫纳入经济发展议程具有众多好处。例如，Chirambo (2018)[111]认为将农村电气化和能源的使用与农业和灌溉联系起来，可能有助于减轻非洲撒哈拉以南的贫穷，可以促进工业化、性别平等和减少气候变化的脆弱性。相比之下，在印度，由于扶贫项目没有把清洁能源供应作为一种基本的基础设施服务，穷人得不到能源补贴的真正好处，更阻碍了他们使用清洁能源的可能性[112]。Zhang 等[113]认为更广泛的农村发展计划应包括农村电气化,如减少贫困和工业化等以使电力项目可持续发展。

一些研究者研究如何利用可再生能源来减轻贫困以促进农村发展。Mainali 等[114]研究如何利用孟加拉国农村社区当地可利用的生物质资源(牛粪和农业残留物),来改善当地的能源和水的服务。Yadoo 等[115]探讨了可再生能源作为解决减贫和气候变化问题的一种手段在尼泊尔、秘鲁和肯尼亚等发展中国家提供可持续福利(社会、技术、环境、制度和经济)的可操作性。

一些学者们将发展中国家得不到能源的农村家庭视为未来可再生能源的主要市场[116-117]。《联合国气候变化框架公约》《京都议定书》明确指出,尽管农村家庭的温室气体排放量较低,但他们也应该纳入气候变化讨论之中,并提高对其重视度[107]。Glomsrød 等[118]通过一个综合评估模型研究发现,中国在 2030 年前可以通过在农村地区提供更多的养老金、医疗服务和良好教育来减少相对贫困。

近乎免费提供现代能源给农户,对于私营企业家来说没有任何商业意义[119]。因此,缺乏商业可行性,私营企业对农户和可再生能源之间的投资缺乏热情,在这样的背景下,可再生能源减贫的利基市场几乎不可能成功。Mboumboue 等[120]研究了贫困人口的生计与可再生能源的关系,发现喀麦隆只有不到 10%的农村人口能够享受到现代能源。Bhattacharyya[119]认为太阳能家庭系统的补贴可以有效地惠及尼泊尔的穷人,到 2011 年,有 27%的符合条件的家庭安装了该系统,其中约 25%的家庭生活在贫困线以下。但是,如果没有政府等其他外部干预,许多国家无法为农村地区的能源贫困提供可再生能源资金。

我国农村光伏从 2014 年开始实施,学术界关于农村光伏的研究也在近几年才开始,学者们在农村光伏的现状总结、评估已建成农村光伏电站、农户对光伏的感知等方面做了研究。Li 等[121]介绍了我国农村光伏项目的现状及其配套政策,对农村光伏项目进行了整体的概述。Wu 等[122]认为适当的风险评估是规避和处理潜在问题的关键,可以最大限度地减少损失,促进农村光伏的发展,且根据文章的评估结果,"融资困难""责任义务划分不清""缺乏操作经验"以及"材料供应和安装缺陷"是亟待解决的风险因素。总体上,Wu 等[122]认为中国农村光伏的风险水平较高。Wang 等[123]采用中国 7 个省份 23 个装机容量为 51.39 MW 的并网光伏发电机组的现场调查数据,通过生命周期评价和环境效益评价方法,对农村光伏项目的能源效益和环境效益进行了评价,结果发现,即使在太阳辐射较差的地区,农村光伏电站仍具有良好的能源效率和环境效益。Huang 等[124]以农村光伏地区 1251 户居民为研究对象,采用二元 Logit 回归方法,探讨了光伏认知(包括生态价值、感知行为控制和社会因素)对家庭能源使用行为的影响,发现对农民的生活技能或识字培训有利于促进农村光伏的推广使用。

2.7 相关理论基础

2.7.1 生态经济学理论

生态经济学出现在20世纪60年代后期,之后1989年的国际生态经济学学会建立,代表着西方生态经济学迈入了学科建设和理论发展的新阶段[125]。西方生态经济学主流学派代表人为赫尔曼·戴利(Herman Daly)和乔舒亚·弗蕾(Joshua Farley),他们在2003年出版的*Ecological Economics: Principles and Applications*被认为是目前这一理论研究的最高水平。该书呈现出了作者们和主流经济学的对话和倾向性,书中对几乎所有的主流经济学所涉猎的重要问题,作者都尝试着从生态经济学的视角进行了新的解释。

生态经济学理论在最广泛的意义上阐述了生态系统和经济系统的关系,以应对全球范围内共同存在的,必须且急需面对的生态环境破坏和污染问题,它强调在经济决策机制中加入对生态系统的动态平衡和有序发展的考虑[126]。经济和生态两个系统通过物质、信息、能量的转化和流动形成一个新的生态经济系统。孙若梅[127]梳理了近年来国内外的文献,总结了目前生态经济学理论的研究进展,得出如下结论:首先,本研究领域的重大理论进展是把自然资本加入分配和增长的宏观模型中;其次,已经有证据表明,具有良好功能的生态系统对人类福祉具有重要影响;再次,生态系统服务的价值和未来关于价值的增量探讨,是生态经济学的前沿研究课题;最后,尝试对生态系统管理的开放进入特征,给出新的不同于经典理论的解释说明。

中国的生态经济学的发展是一个系统的逐渐发展的过程。经济发展各相关部门在保障生态系统能有序合理开发的前提下,都给出了制度要求。金融系统作为经济发展的动力之源,在这个新的进程中,提出了新兴的金融形态——绿色信贷。绿色信贷中通过运用生态经济的理论,在实现经济发展的同时,推动着中国生态环境的不断改善。

2.7.2 可持续发展理论

学术界一直以来对可持续发展都没有统一的定义。人们对可持续发展普遍熟知的一种定义是,在当代人的需求满足的同时,后代人的需求不会因此受到限制损害。它首次出现在 1987 年联合国世界环境与发展委员会的报告——《我们共同的未来》中。此外，由于世界经济发展会议对可持续发展定义的模糊性，使得世界各国各团体组织和个人根据不同的立场、侧重点，给出了不同的定义和解释。从可持续发展的概念分析中可以看出，大多数解释在很大程度上受到特定群体或组织的自身基本原则的影响。这导致了其都在一个狭窄的解释框架里定义可持续发展理论，而不是涉及方方面面[128]。

环境悖论指出地球的供给力会出现难以满足人类需求的情况。解决这一问题，需要找到两者之间的平衡点，或提高地球的供给，或人类减少需求，以达到可持续发展的目的。理论上，可持续发展分为弱可持续发展和强可持续发展两类。前者在对经济增长不造成影响的情况下，研究如何提高供给量；后者则是从调整需求方的角度着手研究对经济造成的影响。两种类型的发展观在现实中是共同存在的[129]。

金融是现代经济发展的重要保障，在发展绿色经济，推动经济、社会和自然的协调可持续发展中，实践产生了绿色信贷的概念。绿色信贷之所以也被称为可持续性金融，就是因为它革新了传统金融的理念、政策和流程，目的是实现人类社会的可持续发展。

2.7.3　金融约束理论

金融约束理论的核心是政府在宏观经济发展稳定，通货膨胀率低并且未来可预测，金融部门的实际存款率为正等条件下，通过制定一些金融政策，如设置市场准入限制，控制银行的存贷利率等，为私营部门创造租金机会[130]。这种租金是在市场竞争外能产生的收益，不是由于生产要素带来的。这种金融约束可以减少银行等金融机构的道德风险，解决微观主体如银行和企业间的有关委托代理成本和逆向选择的信息不对称难题。

金融约束理论中的租金具有以下作用[131]：①银行由于租金的保障产生了一个“特许权价值”，会产生持续的利润流，会使银行等金融机构的经营更加稳定。银行为降低风险，也会有动力监督企业，保障企业贷款的有效使用率。②中介收益的增加，带来新增贷款的租金会使银行等金融机构更积极地增加存贷款额，扩大中介收益的额度和范围。增加更多的社会存款，发放更多的贷款，会提高社会资金的周转率和使用效率。③贷款利率的限制，将租金转移到生产部门，使得企业的储蓄增加，投资所需的资本供给增加，整体经济的投资水平提高。

20 世纪 90 年代后期，中国的金融体系改革效果开始显现。中国金融改革的实质符合金融约束论的基本观点，比如市场准入的限制、资产替代的限制、政府对于存贷款利率的掌控等。此外，金融约束理论对金融发展方向，包括股票市场、资金配置机制等都有影响。

2.7.4 市场失灵和政府干预理论

目前，在主流经济学领域达成了一种共识：虽然大多数国家采取市场经济来发展经济时，市场机制可以有效地进行资源配置，但同时，实践和理论经验都使学者们认识到，市场经济存在着缺陷，纯粹的市场经济是不完美的，存在市场失灵现象，这也正是政府干预出现的原因[132]。政府干预的功能是在市场失灵出现时，辅助市场更加有效地进行资源配置。

市场失灵的特征主要有外部性、公共产品性、不完全信息性等。20 世纪以来，自然环境污染、生态保护、资源耗竭等问题越来越受到世界范围内的重视，而这些问题具有的正是市场失灵所具有的属性，属于政府干预的领域，故学术界对此进行了大量的研究[133]。

外部性指个体的行为除对自己本身产生影响外，对外部的其他个体也会产生收益或者成本，但是这部分收益或成本个体本身不承担。外部性是绿色经济发展中常见的问题。比如，传统的燃煤发电在投资中长时间内没有考虑污染成本，作为高污染高耗能产业，燃煤发电厂在过去的几十年开发过度，造成了严重的环境影响，如北方雾霾天气。这一后果是所有处在共同环境中的人们承担的，所有的人都受到了负外部性的影响。另外，太阳能、风能等清洁能源的外部性影响很小，但是却受到前期建设成本高，投资收益率低的影响，发展受到很大制约。

公共产品性的特性就是群体共享性。比如我们赖以生存的自然环境，水、空气都是人类共享的。这些物品具有非排他性和非竞争性，使得对其的投资往往不足，企业或个人很容易产生“搭便车”心态。面对环境改善等问题，高投资但是收益被其他人摊薄，会造成公共产品性项目缺乏投资的结果。

不完全信息性，顾名思义，就是两方或者一方对参与开展的经济活动不完全掌握。在这种情况下，参与主体对于项目的潜在风险或者项目的优点都缺乏全面了解，会增加对投资收益的不确定性，从而影响决策，导致对于开展的活动，参与者参与不足。

政府干预对于解决上述市场失灵问题，都有相应的实践经验。比如，对于燃煤电厂和新能源发电存在的外部性问题，目前很多国家进行的碳排放权分配和交易项目，就是建立金融化交易机制，将存在的外部性问题转化为可交易的商品，使环境污染问题得到了一定程度的缓解。对于公共产品性的投资不足问题，政府可创新融资方式，比如由政府牵头，进行公私合作投资，为雾霾等环境治理问题提供政府的支持。对于不完全信息的问题，政府应支持建立创新合同设计，创新投资机制，消除企业在面对新项目时的信息劣势[134]。

2.7.5 利益相关者理论

1963 年，斯坦福研究所将利益相关者定义为，对企业的生存而言，存在一些利益者，这些群体对于企业的支持必不可少。最初的这个定义过于狭义且模糊，但是它的时代进步与创新体现在意识到股东不是企业的唯一的利益者。20 世纪 80 年代，弗里曼指出，在实现企业目标的过程中，对目标产生影响的所有个人和群体被统称为利益相关者[135]。弗里曼将政府、社区等正式地加入到了这一理论的范畴内。之后的很多学者都依据自身的研究对利益相关者提出了定义，更多学者是用利益相关者理论来探讨有众多人参与的政策、项目的实施问题。

在利益相关者理论的实际应用中，对于不同的政策、项目，可以根据实际情况来进行定义。随着通信技术的日益发达和国际化的发展，使得国家、企业等开展的项目的影响范围广泛，实施者首先要确定有多少利益相关者，这是需要解决的第一个问题。在确定好有哪些利益相关者后，怎样平衡各相关者的利益是一个重要的问题。同时，各个利益相关者之间是竞争还是合作，对于制订的利益分配计划，所参与的利益相关者们的满意程度又如何，则需要结合其他的模型方法来具体解决。

2.7.6 绿色减贫理论

绿色减贫理论是一个综合的理论，包括绿色发展理论、反贫困理论等，涵盖了发展绿色产业为抓手的绿色减贫，同时还涉及为实现生态环境的可持续发展为目的的生态扶贫[136]。从狭义范围来讲，绿色减贫就是特指以贫困地区的农户为脱贫目标人，采用的生态产业扶贫的手段。从广义的范围上说，绿色减贫是对农村地区走自然环境资源的保护和经济发展融合之路的减贫方式。在我国全面建设生态文明的愿景下，希望通过绿色产业助农的方式，实现减贫的同时不破坏自然环境，促进农村地区的绿色经济发展，这是我国精准扶贫和乡村振兴绿色减贫致富的初衷与目标。

我国农村的经济问题和环境问题共存。经济薄弱的农村地区往往自然环境恶劣，并且这些地区的缓慢发展还可能是以自然环境的破坏来换取的，比如一些农村地区的人长期依赖木柴等取暖做饭，毁坏树林进行耕种，这会进一步加剧当地的环境破坏程度。绿色减贫就是要打破传统的生活生产方式，实现经济减贫和环境保护的和谐发展。

2012 年，联合国可持续发展大会（“里约＋20”峰会）提出了在减贫和寻求经济发展过程中，要重视利用好绿色经济的作用。在发展绿色经济的同时消除贫困，这已是全球各国的共识与努力的方向。我国绿色减贫的宗旨是“既要绿水青山，又要金山银山”。绿色减贫的实践特征变现为：在产业扶贫中涉及中国相关利益参与者，农户与这些参与者之间存在希望达到合作共赢的愿景，尤其是对于投资的企业来说；在自然资源匮乏的条件下，寻求可再生资源，利用其开发新的生产力。农村光伏项目就是符合这些特征的可在我国广大农村地区推广实行的一种模式，即利用自然阳光发电，清洁可再生，产生可持续收益，帮助农户减贫致富，这符合绿色减贫的原则。

2.8 文献评述

世界各国的绿色信贷实践由于所处阶段不同，各国的侧重点有所不同。鉴于本书研究的主题是我国绿色信贷对于光伏产业发展的影响，本书的文献梳理也集中在对我国绿色信贷及光伏产业的相关研究方面。从现有的文献梳理来看，国内外学者关于绿色信贷对我国光伏产业的发展的研究在不断深入，范围不断扩大，对全球绿色信贷的实践具有重要的借鉴作用。

(1)绿色信贷理论内涵及主体方面。现有文献表明，绿色信贷的内涵广泛，功能处在不断发展中，绿色信贷是目前我国绿色金融最重要最有影响力的产品。为了更全方面地了解我国绿色信贷发展的全貌，本书对我国绿色信贷发展现状、实践经验及存在的问题进行了梳理总结。绿色信贷三个最重要的主体(政府、银行、企业)各自发挥着重要的作用，但是基于不同的利益需求，各自都存在着困境与问题。现有的文献大多从绿色信贷整体的角度，对参与主体的问题进行了研究，但是需要注意的是，由于绿色信贷涉及范围广，对于同一个主体，在面对不同的经济项目时，态度和遇到的问题也会不同。因此，本书在光伏、农村光伏的研究中，都从微观的角度对这些主要参与者进行了研究，扩充了绿色信贷主体研究的多面性。

(2)绿色信贷对光伏等绿色企业作用方面。从现有文献可以看出，绿色企业发展一直以来都受到资金的制约。一方面，是由于绿色项目的本身特征，如回报周期长、风险高、投资收益信息不对称等；另一方面，是由于传统的金融机构的外部性问题，如资金供给不足、环境信息披露缺乏和期限错配等[137]。大部分文献表明，绿色金融的发展改善了绿色企业的融资环境，促进了绿色企业的绿色投资，在一定程度一定时期内有助于绿色产业绿色经济的发展。但是，值得注意的是，绿色企业这一概念也是范围很广的，例如，同属绿色企业的光伏和新能源汽车，它们的发展路径就很不同，现有文献大多是统一地对绿色企业进行了整体研究。本书从绿色金融对于具体的光伏企业的绩效的影响视角，更精准更微观地进行了研究。

(3)光伏企业贷款与绩效方面。关于这方面,之前的文献中存在一些空白。补贴与公司绩效之间的关系是存在争议的。光伏产业的国有企业与民营企业在贷款获取方面的潜在差异值得进一步研究。此外,评估光伏产业贷款和公司绩效的研究匮乏。世界公认的是,中国光伏企业在中国和世界能源领域的碳减排方面发挥着至关重要的作用。然而,很少有研究探讨政府、银行和企业在光伏企业贷款过程中所扮演的角色。

(4)绿色信贷与农村发展方面。由本书的文献梳理可以看出,目前学术界的研究更多地集中在绿色信贷对绿色企业发展的影响方面,绿色信贷在农村的作用和影响的研究处于初始阶段。这是因为农村光伏项目的展开本身较晚,2014 年才开始。但是,农村光伏领域代表着中国的广大农村地区,这是一个未开发的、广阔的、具有很大前景的市场,绿色信贷延伸到这一领域,对于振兴绿色乡村的战略具有重大作用和意义。绿色信贷结合农村光伏,是金融在农村领域里的一种创新。二者的结合不仅充分利用了金融的一般效用,带领贫困村农户完成了脱贫,同时还通过绿色信贷的绿色导向作用,同步实现农村“生活富裕”和“生态宜居”。本书研究了农村光伏中的筹资难题且探讨了绿色信贷如何助力破解这一困境,扩充了绿色信贷在精准扶贫中的研究,扩大了绿色信贷的研究范畴。

(5)清洁能源与农村发展方面。以往的研究大多从理论上论证了清洁能源对于农村发展的重要性,世界范围内的贫困人口在经济贫困的同时,还深深陷入能源贫困中。为此,一些学者研究如何利用可再生能源来减轻贫困。一些学者将发展中国家得不到能源的农村家庭视为未来可再生能源的主要市场。但是,近乎免费提供现代能源给农户对于私营企业家来说没有任何商业意义,需要政府的大力投入推行,这正是我国农村光伏项目实施的现实基础与意义。本书从绿色信贷角度,探讨我国农村光伏如何成功实施,这对于世界利用清洁能源扶贫是很好的案例。

(6)相关理论基础方面。本书的研究包括了多种理论基础,包括生态经济学理论、可持续发展理论、金融约束理论、市场失灵和政府干预理论、利益相关者理论及绿色减贫理论。绿色信贷政策影响下我国光伏产业的发展本身就是一个涉及范围很广的课题,本书尝试经过实证分析对以上理论基础作相应的补充,扩充这些理论的内涵和外延。

总之,本书的文献梳理表明,现有文献中定性分析占多数,定量分析较少;整体宏观研究的较多,基于微观角度的研究较少。本书既有对我国绿色信贷、光伏产业整体发展情况的定性研究,也有对光伏企业发展、农村光伏问题的实证和定量分析;既有广泛访谈调研,也有不同企业层面的微观数据和多学科理论作支撑,力求本书的分析研究更加细致、可靠、全面、规范,研究结果更加深刻。

第 3 章

我国绿色信贷发展及光伏产业现状

3.1 中国绿色信贷发展现状

3.1.1 中国绿色信贷的政策制度建设

随着经济绿色发展要求的不断强化，政府部门发布了一系列绿色信贷政策，表 3.1对国家层面的绿色信贷相关政策进行了整理。可见，自 2012 年以来，绿色信贷的发展步伐逐渐加快，主要政策多集中在节能减排方面；从 2016 年开始，我国逐渐强调完善绿色金融体系的建设。

表 3.1　绿色信贷相关政策（国家层面）

时间	发布部门	政策名称	主要内容
1995	中国人民银行	关于贯彻信贷政策与加强环境保护工作有关问题的通知	要求各级银行等金融部门在进行信贷业务时，将环境及自然资源的保护、防治污染等因素纳入信贷的考虑范围，实现经济和环境改善及保护的共同发展
2004	银监会	关于认真落实国家宏观调控政策进一步加强贷款风险管理的通知	各银行等金融机构要严格审批信贷。对低水平扩大生产、盲目追风、有悖于国家产业政策及市场准入的和未依照规定程序审批的申请，一律禁止放贷
2004	国家发展改革委、中国人民银行、银监会	关于进一步加强产业政策和信贷政策协调配合 控制信贷风险有关问题的通知	各银行对于国家禁止类的明令淘汰的项目，停止新增贷款授信；对于限制类的项目，各银行应等待各级主管部门的清理整顿，在这期间，停止一切新的信贷授信
2005	国务院	关于落实科学发展观加强环境保护的决定	对污染物的排放总量给予严格把控，对所有新建、整改项目都要符合规定要求，努力做到既增产又减污染，不增新的污染
2007	环保总局、人民银行、银监会	关于落实环境保护政策法规防范信贷风险的意见	各银行应按照国家产业政策，在信贷风险可控的情况下，积极为国家鼓励类的项目提供贷款支持

续表

时间	发布部门	政策名称	主要内容
2007	银监会	节能减排授信工作指导意见	各银行应从各方面严防高耗能高污染项目风险
2012	银监会	绿色信贷指引	鼓励银行业积极开展绿色信贷，以此推动低碳经济、绿色经济及循环经济的发展
2013	银监会	关于绿色信贷工作的意见	进一步细化了绿色信贷的多项指标
2015	银监会、发改委	能效信贷指引	各银行提供的一种信贷融资，目的是促进用能单位降低能耗，提高能效
2016	中国人民银行、财政部、发展改革委、环境保护部、银监会、证监会、保监会	关于构建绿色金融体系的指导意见	对绿色金融的主要产品绿色信贷、绿色发展基金、绿色债券、绿色保险等做了相关说明，并强调要防范风险，加强组织落实能力
2018	中国人民银行	中国人民银行关于开展银行业存款类金融机构绿色信贷业绩评价的通知	及时制定关于辖区内各银行的绿色信贷存款绩效评估细则，并紧抓落实工作，努力提高各银行的绿色信贷绩效
2020	财政部	商业银行绩效评价办法	将绿色信贷纳入银行绩效评价指标，占比权重为6%
2021	发展改革委、证监会、中国人民银行	绿色债券支持项目目录（2021年版）	煤炭等化石能源项目不再支持

资料来源：相关政府、银行网站。

中国的绿色信贷发展总共分为三个阶段，具体如下。

第一阶段（1995—2006年）：绿色信贷概念酝酿时期。

1995年，我国首次提出在银行的信贷中，应该将环境因素纳入授信审查的范畴。2004—2005年的政策侧重于控制和压制高耗能、高污染企业的信贷，但是关于绿色信贷扶持绿色产业发展的具体政策仍在酝酿中。

第二阶段（2007—2012年）：绿色信贷概念正式出台。

2007年的《关于落实环境保护政策法规防范信贷风险的意见》中提出，将信贷工作的重心放在防范压制高污染高耗能产业的同时，开始重视绿色贷款的积极授信，代表着绿色信贷概念开始形成。2012年《绿色信贷指引》的发布标志着中国绿色信贷制度正式出台，初步提出了绿色信贷开展的流程。

第三阶段(2013年至今)：绿色信贷体系逐渐建立完善。

2016年《关于构建绿色金融体系的指导意见》的发布，代表绿色金融体系的建设进入了全面发展时期，绿色信贷是绿色金融中占比最大、最重要的一种金融产品。尤其重要的是，对银行业而言，2018年起绿色信贷正式纳入了宏观审慎考核(MPA)项目。

从我国绿色信贷政策的发展来看，国内的绿色信贷遵循的是自上而下的发展模式，通过政府主导发布政策引导社会对环境变化的重视，对银行等金融机构发布金融宏观调控政策，引导商业银行支持绿色产业的融资需求。

3.1.2 中国绿色信贷与其他绿色金融产品说明

绿色信贷是绿色金融中目前占比最多的产品，除此之外，绿色金融还有其他产品，如绿色债券、绿色基金、绿色保险等。总的说来，绿色金融的产品丰富，外延广阔。绿色金融产品的各自内涵如下：

1. 绿色信贷

据国家金融监督管理总局给出的解释，绿色信贷就是银行等金融机构需按照国家产业规划方向和经济政策，对信贷实施差异化政策，对属于符合国家鼓励支持的绿色发展项目，如新能源、生态保护、污染治理等项目，加大力度实行低利率的信贷支持。另外，对于“两高一剩”行业(高污染、高耗能资源性的行业及产能过剩行业)，实施限制或禁止信贷介入，充分发挥银行对资本的引导配置作用，履行银行的社会责任。

2. 绿色债券

绿色债券属于非信贷类银行产品，是特指为气候变化、生态环境保护和绿色产业发展等项目融资发行的债券。绿色债券涉及的领域一般包括可再生能源、提高能效项目、绿色运输基础设施建设等。绿色债券与一般债券相比，期限较长，一般为5～10年，可以较好地应对期限错配的问题。

3. 绿色基金

绿色基金也属于非信贷类产品，是用于服务绿色经济发展的专项基金，节能减排、低碳战略是它的宗旨。绿色基金是绿色金融中资金来源最广的金融产品。

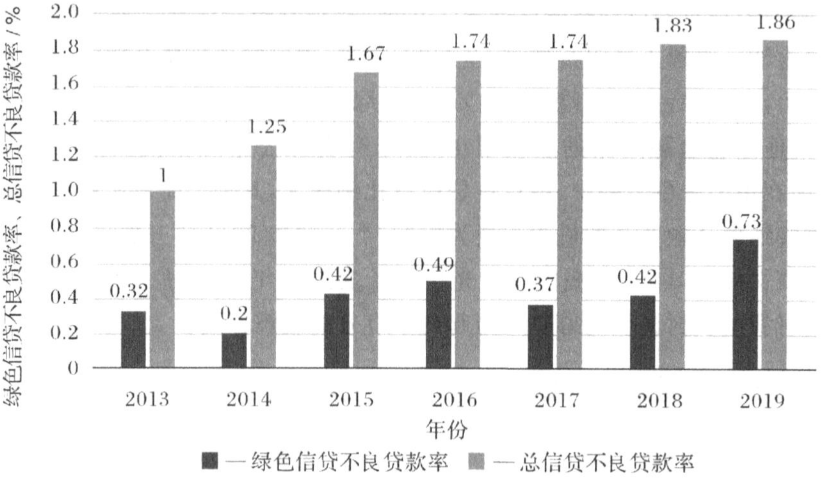

图 3.2 绿色信贷及总信贷不良贷款率

（数据来源：中国绿色金融发展报告[140]）

绿色信贷投向领域（见图 3.3）主要为可再生能源及清洁能源项目、绿色交通运输项目、新能源、节能环保等，投放的产业较为集中，不能满足不断增长的多元化投融资需求。

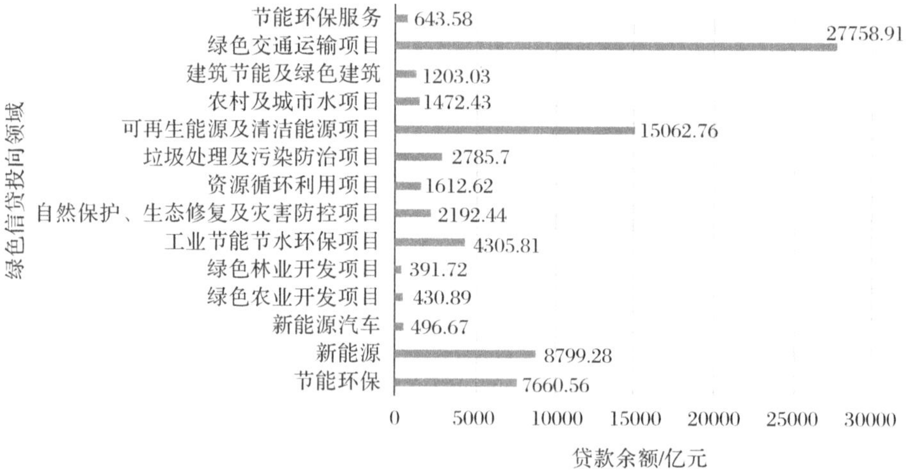

图 3.3 2016 年绿色信贷投向领域及其贷款余额

从图 3.4 可以看出，中国目前绿色信贷供需产生的缺口较大。2017—2019 年，尽管每年的供需差在缩小，但是到 2019 年，仍然存在约 6000 亿元人民币的需求缺口。

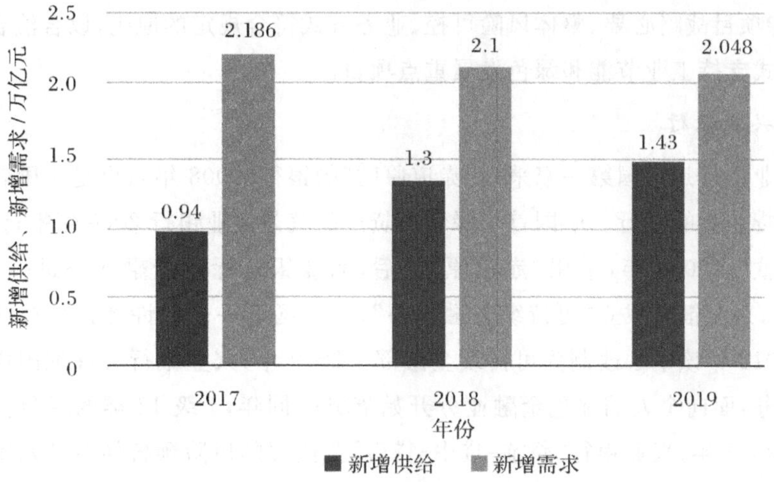

图 3.4　2017—2019 年中国绿色信贷新增供需
（数据来源：中国绿色金融发展报告[140]）

3.2　我国银行的绿色信贷实践及存在的问题

3.2.1　五家代表银行的绿色信贷实践

开展绿色信贷的银行中，国有银行占主要地位。21 家银行中，本书选取了国家开发银行、兴业银行、农业银行、建设银行、工商银行 5 家银行，介绍了各自绿色信贷业务的发展实践情况。截至 2018 年底，这 5 家银行的绿色信贷余额在全国开展绿色信贷业务的银行中排名前五[141]。

1. 国家开发银行

国家开发银行是绿色信贷规模最大的银行。作为政策性银行，它一直是中国绿色信贷的主要推动者。2007 年开始，国家开发银行几乎每年都制定关于环保和节能减排的工作方案，不断完善风险防范系统和信贷政策，重点在水、大气环境等热点领域发放推动环境友好的贷款，效果显著[142]。国家开发银行是中国首家加入联合国全球契约的银行，“绿色信贷”“可持续发展”一直是它坚持的理念。2012 年《绿色信贷指引》出台，国家开发银行作为银行代表，全程参与了指引的制定。2019 年 3 月《工业和信息化部办公厅 国家开发银行办公厅关于加快推进工业节能与绿色发展的通知》中强调指出，国家开发银行作为国内绿色信贷主力银行，应切实发挥其作用，依据国家重点战略、重大规划及地方政府工业发展的整体安排和规划，坚持项目战略必要、整体风险可控、业务方式符合规定的原则，以合法合规的市场化方式支持工业节能和绿色发展重点项目。

2. 兴业银行

兴业银行是中国第一家采用“赤道原则”的银行（2008 年），也是中国较早开展绿色信贷业务的银行。中国首个绿色信贷产品就是兴业银行 2006 年推行的“节能减排贷款”。2008 年，采用“赤道原则”后，兴业银行绿色金融业务进一步扩展。2009 年，兴业银行成立“可持续金融中心”，是中国第一个特许经营可持续金融的机构，2012 年该中心改制为可持续金融部。2010 年，兴业银行又首推国内低碳信用卡业务，面向个人的绿色金融业务开始展开。同年，4 级 12 类的绿色信贷标准建立。2018 年，兴业银行“贷前-贷中-贷后”全流程的风险预警体系及六维风险管理目标建成，社会及环境风险管理不断加强。同年，兴业银行与监管机构合作，全面参与了绿色信贷统计、评价方案、能效贷款指引等多项相关政策的制定，为国内绿色信贷发展贡献力量。与此同时，兴业银行实行差异化信贷政策，禁止对污染严重、技术落后、国家命令关停限制的、资源浪费的相关产业授信。

3. 农业银行

2014 年，中国农业银行《关于建立绿色信贷指标体系暨修订“两高一剩”产业信贷政策的通知》中明确规定了绿色信贷指标和各产业绿色升级转型的相关信贷政策。《中国农业银行 2015 年信贷政策指引》进一步明确绿色信贷的方向，严禁高污染、环保不达标项目的贷款，逐步扩大农行的绿色信贷规模，贯彻国家产业结构调整战略，为传统企业的绿色转型创新绿色金融产品和服务。《中国农业银行绿色金融发展规划（2017—2020 年）》中提出，要依据五大绿色指标（环保、社会管理、效益、效率和资源消耗）进行客户的准入、筛选及风险防控，使绿色信贷和传统的产业信贷相融合，共覆盖 19 个产业。2018 年的《信贷业务环境和社会风险管理办法》中制定了新能源如光伏产业的信贷政策，对传统产业如造船、钢铁等修订信贷政策，严格进行全流程管控，按期统计和监测绿色信贷数据。

4. 建设银行

1986 年，《中国人民建设银行工业项目评估试行办法》发布，使建设银行成为国内首家将环境评价要求引入信贷标准的银行。该办法一直不断发展完善，至今仍是其独特的固定资产贷款项目评估办法。2006 年，建设银行在《大中型客户授信审批五项基本原则》中，首先提出了实施“环保一票否决”的信贷决策制度，严禁对环保不达标的企业或项目授信。2007 年，建设银行对“两高一剩”产业，严控信贷投放。2008 年起，建设银行陆续调整信贷政策，对铁合金、电石产业实施全产业信贷退出。2012 年，建设银行成立绿色信贷工作小组，由建行领导牵头；2015 年改制为绿色信贷委员会，行领导担任主任，成员部门扩展为 29 个，全面推行绿色信贷的业务发展。建设银行以节能减排为出发点，出台了《建设银行节能减排授信工作方案》，严格控制“两高一剩”产业信贷发放，加大节能减排信贷投放。

5. 工商银行

2010 年工商银行发布的《关于对境内公司贷款实施绿色信贷分类及管理的通知》，主要强调对“两高一剩”产业的风险管理，在信贷流程上实行绿色信贷管理。2011 年工商银行陆续发布《绿色信贷建设实施纲要》《关于优化完善公司客户绿色信贷分类的通知》等，重点强调防范社会与环境风险，进一步规范绿色信贷管理。2014 年的《境内法人客户绿色信贷分类管理办法》，重新划分了绿色信贷客户类别。2016 年的《节能领域信贷指导意见》指出，要积极开展节能环保领域的业务。工商银行实行全流程“一票否决制”，执行差异化信贷政策，设立贷后考评机制。

3.2.2　存在的问题

1. 绿色信贷缺乏统一标准

由上述所总结的中国绿色金融发展过程，以及从历年来中央到地方不断增加的支持、促进绿色信贷发展的文件数可以看出，绿色信贷的重要性受到了全国各级政府的重视。但是从具体内容来看，上到国务院、银保监会、中国人民银行，下到各级地方政府发布的文件，基本都是指导性意见，缺乏自上而下的法律法规体系，无法可依使得绿色信贷政策的执行效力大大下降。同时，目前发布的绿色信贷政策侧重于原则性，缺乏具体的操作细则。绿色金融在国际上没有统一的定义，绿色信贷也是如此。这些都是全球专家学者一直在探讨的问题。绿色信贷在实践中，需要评定企业的环保状况，不同的环保状况对应的可以申请到不同利率的多少贷款，如果环保不达标会对企业造成什么影响，监管机构是否会对企业采取惩罚措施，这个程度是什么，这些问题都是需要具体量化的。从各个主要银行的绿色信贷实践经验来看，虽然主要银行都出台了各自的绿色信贷政策，但是各个银行的标准不统一，解释也有差异。比如，就环保指标设立的情况而言，由于指标是各银行依据企业排污情况评定而设置的，各银行间的评定标准差异过大，导致在实际评定一个企业的类型属于环境危险、合格或者是友好型时，各个银行的结果可能会不同[143]。另外，各银行对于高污染高能耗产业的界定标准不一，对于两高企业的限制性贷款作用也可能削弱。一个企业在一家银行不达标被限制贷款,但在另外一家银行却可能达到标准拿到贷款。

目前为止,金融监管部门也尚未建立起统一的环评标准,对银行等金融机构的绿色金融监管不足。企业要获得低利率的绿色信贷,需要改善、提高自身的环境状况,获得的环境评估结果越好,越有利于取得绿色信贷支持。但是,改善企业自身环保状况,需要大量的投资成本,因此,企业可能会采取虚报的方式,达到环评标准,拿到贷款。采用这种措施后,却没有法律明确给出惩罚的措施,会导致企业"洗绿"事件的一再发生。这种情况下,对于银行等发放贷款的金融机构而言,也没有法律规定其需要承受的惩罚。因此,在缺乏法律监管的情况下,企业和银行对于达到绿色信贷要求的环境标准,可能都会流于形式,以至于绿色信贷达到环境保护的效果不明显。

2. 企业信息披露机制不完善

目前为止,我国银行对于绿色信贷信息披露机制仍不完整。一般在社会责任报告中披露的只有绿色信贷余额,但对于成本与绩效的评估等指标缺乏相关数据。这使得银行外人员无法了解该项业务的实际效益情况,政策制定者和学术界专业人员都难以定量研究评估绿色信贷的执行发展情况。2012 年的《绿色信贷指引》中虽然规定信息披露是监管部门的义务,但是在实际操作中存在发布滞后、披露不完全的问题。2018 年,银监会发布了 2013 年至 2017 年 6 月我国 21 家主要银行的绿色信贷数据,这次集中披露的信息滞后长达 5 年,使信息的时效性和监管的作用都大打折扣。信息披露的具体细则缺乏规范性,也缺乏统一的发布平台和发布时间约束。此外,信息披露还存在不完全的问题,关于发生污染事件的和有重大风险的企业的贷款信息,银行等金融机构往往不予披露。

企业的信息披露不全面,直接导致银行建立的评估企业环境风险的体系陷入困境,降低了银行识别和评估企业环境风险的可靠性。完整详细的企业信息披露环境、社会和公司治理(environmental、social、governance,ESG),才能帮助银行全面有效地评估企业的环境风险。如果企业的信息披露机制不完整,银行无法准确进行环评,更会影响到绿色信贷对碳排放的测算。目前,中国的 ESG 信息披露仍属于自愿披露性质,主要渠道包括上市公司的社会责任报告和企业年报、股票交易所规定的自愿披露指引等。根据 2019 年联合国负责任投资原则组织(UNPRI)发布的《中国的 ESG 数据披露——关键 ESG 指标建议》,至 2017 年 8 月,我国重点监控的上市公司中有 90%以上公布了环境信息,但是披露的信息不规范、不全面,或只选择性报喜不报忧。上交所数据显示，2017年发布年报的上市公司中，超过60%披露了环境信息。2018年，深圳交易所上市公司有32%披露了环境信息。另外，环境披露指标中属于定性的高于定量的。在沪深300成分股公司中，披露的环境管理指标占44.6%，环境数据指标占35.2%。

3. 中国绿色信贷激励不足

目前，中国大多银行普及了绿色金融的概念，但是部分银行还是处于观望状态。主要开展绿色信贷的21个银行，整体的业务也没有形成规模。一个重要的原因就是对银行开展绿色金融、绿色信贷的激励不足。以国家金融监督管理总局为首的中国银行业的监管机构，未在相关政策中给出具体的有法律效应的考核制度和奖惩标准，对于银行等金融机构开展的绿色信贷业务不能及时有效的监督。同时，缺乏经济上的约束和激励机制，需要依靠银行等金融机构自发地履行社会责任，推动我国绿色信贷的发展，在这种环境背景下，绿色信贷发展的进程和效果很难达到预期设想。对于属于绿色信贷扶持的环保、新能源等企业，银行业也缺乏激励措施，所以绿色信贷规模整体不大。目前，高污染高能耗企业大部分是基础产业，与环保产业相比，这些企业的经济效益更高，是部分地方财政的主要来源。因此，一些地方政府会选择性地对这些高污染高能耗产业降低要求，对于需要投入扶持成本的收益较低的环保产业选择忽视。产生这种现象的根本原因是我国对于绿色信贷的发展缺乏有效的激励和约束机制。

对于一般商业银行而言，首先它自身也是企业，利润最大化是一般企业追求的目标。高污染高能耗企业很长时期以来都是银行的大客户，给银行带来了较高的利润，绿色信贷要求对这些企业的限贷势必也会影响到银行的收益。因此，银行的积极性普遍不高。就目前主要银行的绿色信贷发放的产业来看，涉及的产业面窄，而且主要面对的是大企业大型项目，针对新兴的中小企业的绿色项目绿色信贷产品有限。我国的绿色信贷更是缺乏针对个人用户的产品，使得中国的绿色信贷的发展更具有局限性，不像国外的绿色信贷产品可以覆盖到全社会全领域。创新绿色信贷产品可能带来的风险性，对于逐利的商业银行来说，使其一般不会主动承担，而是会选择一般的绿色信贷产品，导致绿色信贷产品的种类、形式等的创新发展被限制。

此外，绿色信贷包含一些隐形成本，并且可能会出现期限错配的状况。银行在开展绿色信贷时，需要进行比一般项目更为严苛的审核，包括贷前环境审核、企业环保技术评估、贷后监察等措施，这些措施需要花费人力、物力及时间，无形中提高了银行的放款成本，降低了银行利润。此外，绿色信贷项目本身的特性，如项目周期较长，前期投入较大，会使银行面临期限错配风险。

4. 目前的市场无法将环境外部性问题内部化

绿色信贷需要解决的根本问题是要将环境外部性问题内部化。目前而言，中国政府面临的最大问题是在政府干预成本最低的情况下，如何保障颁布的各项绿色信贷政策能够最大化限制负外部性项目开展。绿色信贷项目一般具有公共品属性，可带来的经济效益较低，有悖于商业银行追求利润最大化的原则。因此在推行之初，商业银行会回避选择绿色信贷项目，而选择利润更高的项目。政府通过发布一系列的政策，鼓励、倡导银行等金融机构开展绿色信贷、绿色证券等业务，促进银行与光伏等绿色企业之间的联系。政府的目的是通过金融调控实现环境保护。但是对于商业银行等金融机构来说，提高自身盈利水平才是开展绿色信贷等新业务的最大动力。同时，对于企业而言，在不违反国家规定的情况下，追求利润最大化也一直是企业生存发展的根本原则。企业在节能减排大环境中要发展盈利，在内部融资不足，出现问题时，会倾向于改变环保状态，寻求绿色信贷等的支持。同时，政府、银行、企业各自的目的不同，利益不同，建立可持续绿色信贷体系时，需要考虑到三者利益的平衡。

人民银行副行长曾指出[144]，目前绿色信贷发展的突出挑战是可持续能力需进一步提高，部分绿色项目内生化难，投资回报率低。绿色信贷如果不能实现可持续发展，一味地依赖政府的补贴和投入，不符合我国发展市场经济的原则，也不符合发展绿色信贷的初衷。

3.3 我国光伏产业发展现状

3.3.1 我国光伏产业总体情况

到 2020 年底，我国的光伏累计装机容量为 253 GW，连续第六年装机容量占据全球第一。图 3.5 显示了 2013—2022 年我国光伏累计装机容量情况，可以看出，我国光伏累计装机容量 2013—2015 年增速较缓慢，2016 年开始有了大幅提升，2017 年为新增装机容量较高的年份，2018 年之后受“5・31”新政影响，增速有所放缓。

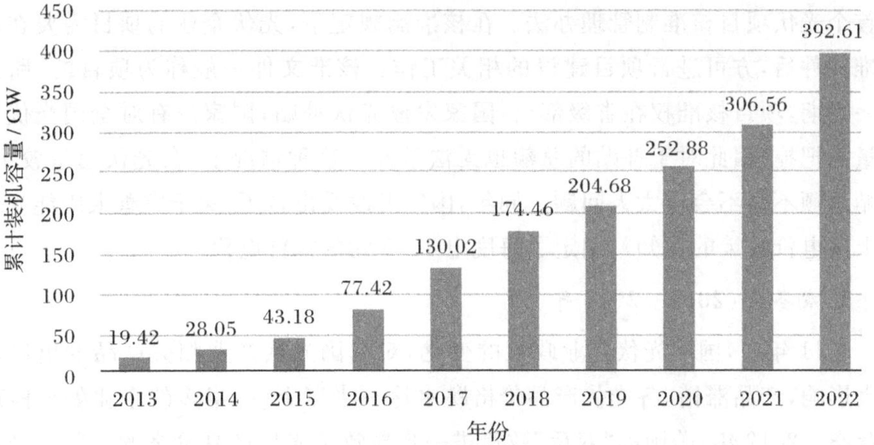

图 3.5　2013—2022 年我国光伏累计装机容量情况

回顾我国光伏产业的发展之路，大致经历了起步期、快速扩张期、寒冬期与复苏稳步发展期几个阶段。

1. 起步期(2007 年之前)

中国的光伏发电最早出现在 20 世纪 70 年代。在初始发展阶段，光伏发电成本过高，导致其发展极其缓慢。同时，初始时期还受制于小功率电源，使光伏发电的规模也受到很大限制。2000 开始，我国政府开展了光明工程、送电到村等项目，解决我国偏远地区的电力获得问题。为此，我国政府在 7 个省区的无电力乡村建成了 700 多个光伏、风能等清洁能源电站，总装机达到 15.5 MW，属于离网发电项目。这一阶段的光伏产业发展基本没有开展市场化运作。2007 年国家发改委发布的《可再生能源中长期发展规划》中，光伏发电才被重点列为需要大力发展的领域，并提出近期和远期的装机容量规划。2005 年初，“863”计划后续一个能源课题的结题，成果建成了深圳国际园林花卉博览园的 1 MW 光伏电站，这是我国第一个兆瓦级的光伏电站。这一时期累计装机 80 MW。

2. 快速扩张期(2007—2011 年)

这一阶段，光伏发电的技术不断发展，光伏成本逐渐降低，国家对于改造传统能源产业结构的需求越来越迫切，我国光伏发电得到了国家政策的大力支持推广，光伏产业快速发展扩张。2009 年起，金太阳工程和光电建筑示范项目以及大型光伏电站特许权招标的实施，使得我国的分布式光伏与荒漠光伏电站应用也发展了起来。2010 年，国务院下达的《关于加快培育和发展战略性新兴产业的决定》，将光伏发电列在我国 7 大重点产业的新能源产业中。2011 年，国家能源局颁布了我国首个光伏项目核准制管理办法。在核准制规定下，光伏企业的项目需要在取得核准文件后，方可进行项目建设的相关工作。核准文件一般称为项目的“路条”。这一时期，项目核准权在省级部门，国家发放光伏补贴，国家没有对全国光伏装机总量的把控，因此对于补贴的总额也无法掌控。这种情况下，在光伏总量较小时，补贴总额不高不会有太大问题。同年，国家发改委出台了《关于完善太阳能光伏发电上网电价政策的通知》，制定了每度电 1.15 元的标杆电价。

3. 寒冬期(2012—2014 年)

2011 年底，国际光伏产业政策的变化，对我国光伏产业相关产品的出口造成巨大影响，产品滞销，各光伏产品价格跳水达一半以上，一半多的企业处于停产停工状态。2012 年，美国的“双反”政策进一步导致了光伏产品价格的大跌。光伏产业供需失衡，大量光伏企业倒闭，破产重组。2013 年初，无锡尚德宣布破产重整。2015 年，赛维 LDK 在负债 300 亿元的情况下，也宣布破产重整。无锡尚德倒在了光伏产业最冷时期，赛维 LDK 倒在了光伏产业开始回暖前夕。两大光伏巨头的倒下，对地方政府、银行等金融产业、光伏产业中的其他企业都起到了警示作用。2013 年，银监会颁布的《大型银行监管工作要点》中，警示银行密切关注光伏产业的信用风险变化。

另外，在这一时期，我国政府还连续颁布了一系列的政策，不断推进光伏产业的规模化生产、规模管理。2012 年，工信部发布《太阳能光伏产业“十二五”发展规划》，指出要完善光伏产业的相关服务体系配套建设。2013 年，国务院《关于促进光伏产业健康发展的若干意见》，明确规定了光伏补贴的年限的问题。同年，《关于发挥价格杠杆作用促进光伏产业健康发展的通知》，明确了光伏电价国家补贴为每度 0.42 元。2013 年，国家能源局出台的《光伏电站项目管理暂行办法》正式实施，光伏电站的审批由核准制变为备案制，光伏项目的审核过程大大简化，有利于项目的开发。这些政策对于我国光伏产业的发展起到了利好和规范发展的作用，但是由于国际国内市场发展不平衡，装机容量与可承受负荷不配套，光伏生产市场与应用市场的供需不平衡，光伏产业出现了弃光和补贴拖欠问题，光伏产业的发展仍在艰难地为度过寒冬而努力做准备。

4. 复苏稳步发展期(2015 年至今)

2015 年，国家下达的光伏规模指标与之前有很大不同。比如，2014 年的分布式与地面电站指标分别单独下达，年底时出现了地面电站指标欠缺，分布式指标剩余的局面。2014 年底，国家能源局下发了《关于印发实施农村光伏工程工作方案的通知》，正式开启光伏产业扶贫工程。2015 年时，国家只规定了地面电站的指标，对分布式光伏电站不限制规模，与此同时，农村光伏的指标第一次出现，代表着光伏产业在我国贫困乡村正式开展实施。从此之后，我国的光伏电站由地面主要转向分布式，分布式光伏电站在随后几年出现了爆发式增长。农村光伏项目的开展也代表着我国的光伏产业开拓了一个新的领域，且农村光伏电站不需要占用当年地面电站指标，农村光伏项目的补贴优先发放、不拖欠的优势，吸引了很多光伏企业的加入。2016 年《太阳能发电发展“十三五”规划》出台，计划至 2020 年，光伏装机容量超过 1.1×10^{8} kW。2018 年国家发展改革委、财政部、国家能源局联合下达的《关于 2018 年光伏发电有关事项的通知》，即“5 · 31”新政出台后，光伏产业的发展逐渐趋向平缓有序、健康的稳步增长方向。

3.3.2　我国农村光伏发展情况

农村光伏是中国首创，既是致富、乡村振兴的新途径，又开拓了光伏产业新领域，兼具社会效益和产业拓展作用。国家发改委、国家能源局在 2016 年发布的《关于完善光伏发电规模管理和实行竞争方式配置项目的指导意见》中明确提出，属于农村光伏扶贫的电站，包括集中式电站与村级电站，不占用国家能源局每年下达的所在省、自治区、直辖市的普通光伏电站指标。对于普通光伏电站，各省、自治区、直辖市的发改委及能源局鼓励企业使用竞争模式配置项目，用上网电价竞争。

中国农村光伏项目呈现出了在改善清洁能源获取的同时增加农户收入的各种情景模式。虽然有些地方政府对农村光伏项目提供财政支持，但也有些地方政府由于本身地方财政能力不足，不提供直接财政支持。在更多模式下，私营企业也被鼓励投资于农村光伏项目，参与企业可以从项目中获益或取得项目之外的利益（例如获得一些公共特许经营权）。中国的农村光伏项目模式的成功经验可以为其他缺乏财政资源的发展中国家提供借鉴。

中国在全球减贫中发挥了关键作用。我国自改革开放以来，对全球的减贫贡献率超过了 70%[145]。《联合国千年发展目标》中指出，按照现行农村贫困标准（人均年收入 2300 元），中国农村贫困人口减少了 7.3 亿，贫困发生率由 97.5%（1978 年）下降至 4.5%（2016 年）。针对扶贫开发中存在的问题和到 2020 年实现剩余贫困人口全部脱贫的目标，中国政府于 2014 年 1 月开始实施精准扶贫[146]。目前，我国贫困人口已全部实现了脱贫。

2014 年 10 月，我国政府发布《关于实施光伏扶贫工程工作方案》(2014a)，宣布首批 6 个农村光伏试点省份。同年，我国提出了“十大精准扶贫项目”，其中包括农村光伏项目[147]。自此开始，中央政府接连颁布的其他几部重要的关于农村光伏的政策，分别为《关于印发实施光伏扶贫工程工作方案的通知》、《关于组织开展光伏扶贫工程试点工作的通知》(2014b)、《关于印发加快贫困地区能源开发建设推进脱贫攻坚实施意见的通知》(2015a)、《太阳能利用"十三五"发展规划征求意见稿》(2015b)、《关于实施光伏发电扶贫工作的意见》(2016),这些政策中规划的农村光伏目标如图 3.6 所示。2015 年,中国实现了全国 100%电力普及,同时创造性地结合光伏等新能源与扶贫工作,截至 2021 年初,全国累计建成农村光伏电站达 2636×10^4 kW,涉及 415 万农户,在能源获得性及减贫方面积累了丰富的实践经验,也愿为全球分享、贡献中国智慧与中国方案[148]。

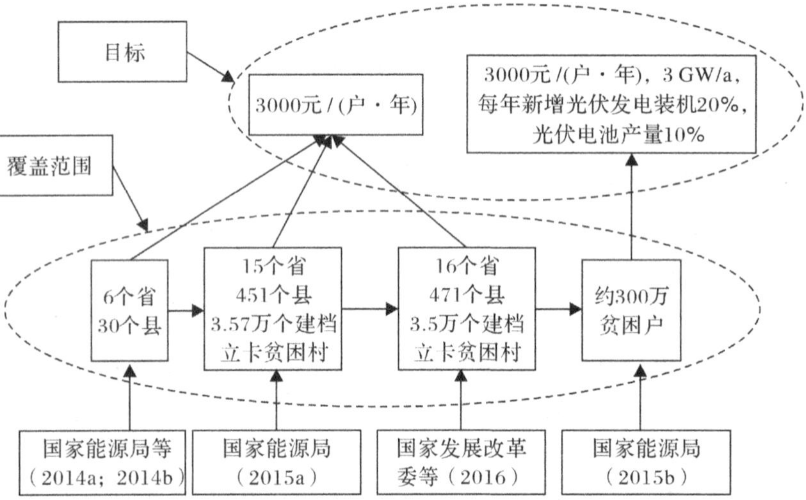

图 3.6　农村光伏各阶段目标

2022 年,国家能源局发布《2022 年乡村振兴定点帮扶和对口支援工作要点》,光伏被列为乡村振兴定点帮扶工作要点。乡村振兴,发展乡村产业是首要抓手。在有条件的农村地区利用日照时间长的优势,开展农村光伏产业项目,运用"农光结合"创造新致富引擎,可助力乡村振兴战略成果实现。在国家政策的主导下,全国各地纷纷开始了光伏助力乡村振兴行动。其中,2022 年 6 月,吉林省能源局印发的《2022 年度推进新能源乡村振兴工程工作方案》提出,2022 年,在全省约 3000 个行政村开展新能源乡村振兴工程。每个行政村建设 100kW 风电项目或 200kW 光伏发电项目,2024 年实现省内全面覆盖。项目建设可以采取政府全资、企业全资或政企合资三种模式。其中,企业全资模式下,企业需与政府签订捐赠协议,在扣除建设、运维、财务等成本后,收益全部捐赠给村集体。按照风电 3000 小时、光伏 1500 小时测算,原则上每 100kW 风电项目或每 200kW 光伏项目捐赠金额不低于 3 万元,具体捐赠金额以实际发电小时数为准。政企合资模式下,企业出资建设部分也需采取类似方式进行捐赠。2023 年中央一号文件提出,"推进农村电网巩固提升,发展农村可再生能源"。作为持续推进我国"双碳"目标中的重要部分,清洁可再生能源在我国未来能源转型中的作用日益凸显。其中,农村光伏的发展现状与前景备受重视。

3.3.3 我国光伏产业发展存在的问题

1. 我国光伏企业发展存在的问题

贷款一直是我国光伏产业发展中的一个难题。光伏产业于20世纪70年代开始腾飞，并连续多年快速增长。2012年以来，由于欧盟和美国的“双反”(反倾销和反补贴)政策，加上产能过剩，中国光伏产业进入了“寒冬”[149]。一些头部领先的光伏公司破产(如无锡尚德、赛维LDK)，也对银行造成了惨重的损失。例如，2013年，包括中国工商银行、中国农业银行和中国银行在内的九家债权银行对2013年宣布破产的无锡尚德有71亿元的信贷余额[150]。

为此，国家金融监督管理总局在《2013年大型银行监管工作要点》中提出，光伏产业存在贷款风险，金融机构和监管机构随之将光伏产业的企业列入了“黑名单”[151-152]。在2014光伏电站投资和金融峰会上，国家能源局梁志鹏指出，银行贷款难已成为光伏产业发展的瓶颈[153]。多数的银行等金融机构对光伏产业实施了大规模限贷政策，加剧了光伏企业的处境[154]。银行对贷款的严格限制也导致光伏企业融资成本上升，一些中小光伏企业获得银行贷款的难度更大。

与此同时，中国政府实施了许多激励措施，包括直接补助、上网电价补贴等金融和财政政策，以促进光伏产业的发展，应对国内外的挑战，包括贷款融资问题[94,155]。例如，2013年8月，国家能源局和中国国家开发银行联合发布《关于支持分布式光伏发电金融服务的意见》，鼓励引导地方政府建立试点地区，采取市场化方式运作，以企业信用为抓手，建立具有承贷能力和借款资格的融资平台。《关于支持分布式光伏发电金融服务的意见》还强调，国家开发银行应完善及建立光伏发电贷款风险管理体系，依据光伏项目实际状况设计担保方式，如额外保险、第三方或机构担保等，通过多元有效的信用担保结构，防范光伏信贷风险。与此同时，地方政府还出台了一系列促进当地光伏市场发展的政策，如光伏组件采购资金补贴、光伏项目土地准入优惠政策等[156-157]。

尽管中国光伏产业不仅在中国，而且在世界范围内的可再生能源发展方面都发挥着关键作用，但迄今为止，研究者对中国光伏产业的信贷政策的研究还很缺乏。近年来，虽然国内越来越多的研究者开始关注光伏产业和相关的政府扶持政策，但现有文献没有考虑政府、银行、企业在光伏产业贷款中的相互关系和各自的影响。鉴于光伏贷款政策涉及的主体包括政府、银行和企业，因此有必要建立一个模型，以同时分析讨论这三个关键参与者。在作者研究之前，也没有文献去研究贷款是如何影响中国光伏企业绩效的。中国光伏企业的业绩不仅关系到中国可再生能源的可持续发展，也对全球光伏产业产生着深远的影响。2017年，中国光伏总装机达到5300×10^4kW，约占全球总量的54.08%。至2022年底，我国光伏装机规模快速增长，连续10年位居全球第一，新增总装机容量连续8年位居全球第一。

2. 我国农村光伏发展存在的问题

虽然我国农村光伏项目取得了很大的成效，但也存在一些问题[158-159]。首先，截至 2016 年 6 月，首批六个试点省份中的三个，即山西、甘肃和宁夏都没有完成原定计划，其中宁夏仅完成了计划的 12.88%。其次，输电系统还没有做好连接所有项目的准备。由于输电能力不足，河北唐县 26 个光伏项目中有 21 个项目未能及时并网，共涉及扶贫资金 389 万元。最后，农村光伏项目预计农户户均收入为每年 3000 元左右，但事实上，最低的收入只有 300 元[160]。造成这些问题的原因主要包括初期资金短缺、建成的光伏电站质量差，以及后续的运维问题等。其中，资金短缺、融资渠道匮乏是制约中国这一可再生能源革命的关键因素之一。Ji 等[161]研究发现，金融发展占可再生能源增长变化的 42.42%。农村光伏项目的三大资金来源是政府、企业和农户（如图 3.7 所示），其中三者的出资比例对项目的成功至关重要。如果需要农户和企业出大量的资金，他们的积极性就会受挫。同时，如果政府的出资比例过高，其财政负担就会过大。

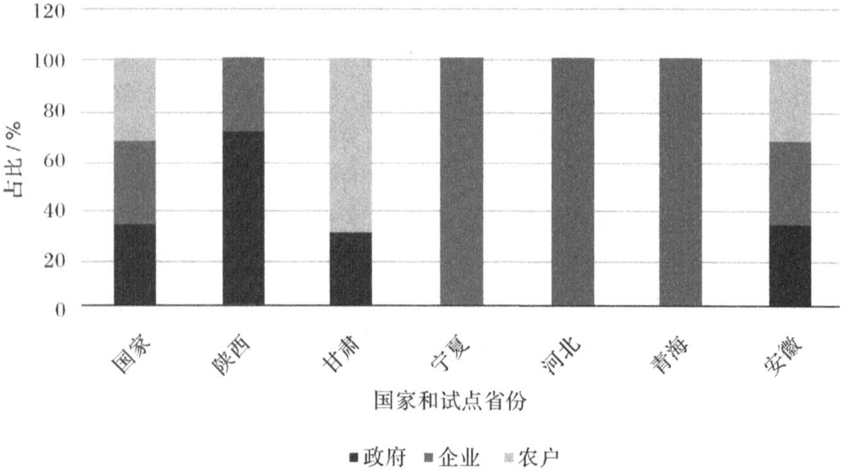

图 3.7 我国农村光伏项目主要筹资模式①

农村光伏项目另一个突出的问题是缺乏监管。2019 年 4 月，国务院扶贫开发领导小组办公室发布的《关于村级光伏扶贫电站发电情况的通报》，共涉及 15695 座村级光伏电站。根据通报评估，3103 座电站的发电量不足 80%，占总发电量的 19.8%，建设质量不合格、运维主体责任不明确、后期运维和管理不到位是造成电站发电能力不足的主要原因。这也说明农村光伏电站在建成后仍需严格的后续监管，才能保证长期收益目标的实现。

---

① 图中的国家指农村光伏项目三大资金来源的国家参考模式。

3.4 我国绿色信贷在光伏产业中的实践及存在的问题

3.4.1 我国银行的光伏绿色信贷实践

政府的各项扶持措施，加上光伏技术的突破发展，使光伏产业逐渐恢复了生机，也鼓励了商业银行恢复对光伏产业的正常贷款。商业银行重新对光伏产业表现出了兴趣。例如，工商银行对屋顶分布式光伏系统给予信贷优先政策，招商银行为主要电力企业和优质分布式光伏项目提供信贷[162-163]。2014 年底，中国首个“光伏贷款”(光伏绿色信贷)业务在江苏银行推出。金砖国家新开发银行 2016 年在中国发放了首笔太阳能光伏贷款[164]。图 3.8 显示了 2013 年 6 月到 2017 年 6 月我国 21 家主要银行发放的光伏绿色信贷余额及其在总余额中的占比情况。由图3.8 可见，我国的光伏绿色信贷在 2015 年后快速增长，2017 年 6 月的光伏绿色信贷余额为 2018.55 亿元，2013 年 6 月的仅为 495.54 亿元。与此同时，光伏绿色信贷在总的绿色信贷余额中占比较小，2017 年也仅占 2.4％。

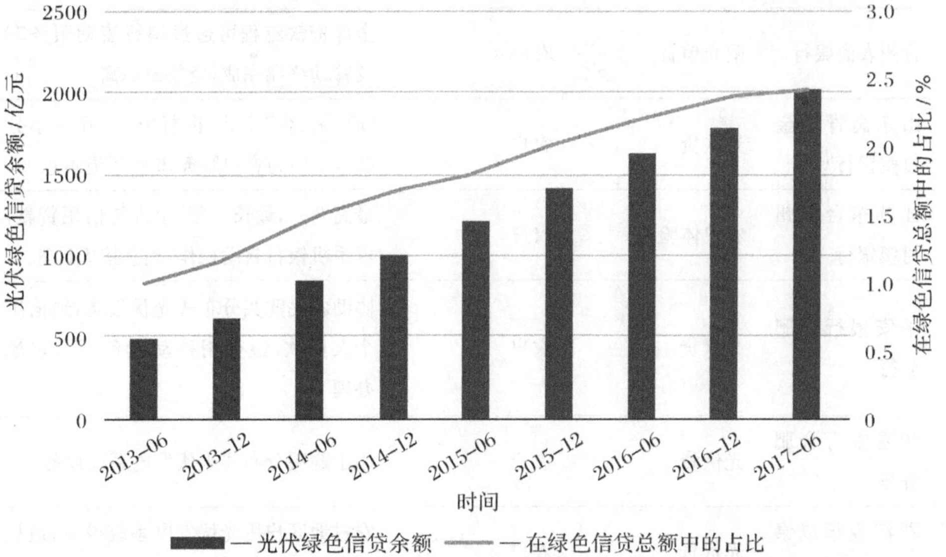

图 3.8 2013 年 6 月至 2017 年 6 月我国 21 家主要银行光伏绿色信贷余额及其在总额中占比

截至 2017 年 6 月，我国已有 76 家银行支持光伏绿色信贷[165]。从全国 30 家银行光伏绿色信贷指南(见表 3.3)可以看出，光伏贷款主要的对象是个人和企业，其中个人可获得的额度较小，企业获得的额度较大，同时，各个银行具体的授信额度、贷款期限都不同，采用的担保方式也不同，采用信用担保的额度较小，大额的担保要求较高。从参与的银行来看，大部分属于农村的农行分行、农商行、信用社、邮储银行分行等。关于光伏绿色信贷的名称，各个银行有所不同，比如光伏发电扶贫惠农小额贷款、“金屋顶”光伏贷、光伏农户贷款、绿能贷、阳光贷、“幸福金顶”小额贷款等，更多的银行一般简称为“光伏贷”。

表 3.3　全国 30 家银行光伏绿色信贷指南

银行或地区	名称	贷款对象	内容
山东淄博邮储银行	光伏发电扶贫惠农小额贷款	农户	财政部分设立担保基金，为贷款担保，扶贫办协助银行与农户沟通
靖远农商银行	光伏贷	农户	信用贷款方式，最长 5 年，优惠利息，发改部门给农户发放国家能源基金扶持补贴
中国农业银行吉林省分行	光伏农户贷款	本省内符合贷款资格的农民	最高 5 万元，最长期限 10 年，还款方式可协商决定，农户利率更低
衢江农商银行	“金屋顶”光伏贷	普通农户	为老百姓筑起“金屋顶”
青州农商银行	阳光信贷	农户	全部贷款流程可通过银行流动服务车及移动终端完成，贷款效率高
山东高青汇金村镇银行	光伏贷	农户	“政、银、企”模式，银行成立“开户小分队”，上门为农户服务，6 年还清本息
江苏东台稠州村镇银行	农户体验贷	农户	最高 3 万，最长 3 年，个人纯信用贷款，可手机银行自助操作，利息按天计算
平安银行合肥分行	光伏贷	农户	协助农民购买分布式光伏设备，纯信用个人贷款，银行用移动设备下村现场办理
华夏银行合肥分行	光伏贷	农户	用于购买分布式光伏发电系统设备
浙江金华成泰农商行	光伏贷	农户	农村地区户用光伏发电系统设备，最长 5 年，利率优惠，按揭贷款
农行江西分行	金穗光伏贷	农户	“政府风险补偿基金＋贷款对象”模式，最多 10 万元，最长 10 年，5 年内政府给予贴息，采用政府增信机制，信用和担保方式可用

续表

银行或地区	名称	贷款对象	内容
安徽霍邱县	光伏小额扶贫贷款	贫困村和农户	最长 3 年,按 3∶3∶4 分年偿还
安徽阜南农商银行	农村光伏贷款	县域内的农户	每户不超 8000 元,可信用或保证担保方式
江苏淮海农商银行	光伏贷	农户	前期光伏公司垫资,农户贷款发电后,银行代为支付给公司,最多 4 万,最长 10 年
陕西户县农村信用社	农户农村光伏贷款	农户	“公司＋农户＋信用社＋保险”模式,额度按实际建设需求确定,最长 10 年,利率 6.9％
浙江桐乡农商银行	绿能贷	个人	可全额贷款建设户用分布式光伏电站,发的电就近并网
邮储银行赣州分行	光伏贷	个人	户用光伏电站建设,最多 5 万,最长 3 年,按揭贷款
山西长治黎都农商银行	光伏贷	能支付规定比例首付的辖区内个人	最多可达投资总额的 70％,最长 5 年,优惠利率
浙江龙游县信用社	“幸福金顶”小额贷款	自然人	购买光伏发电设备,期限依据借款人建设投入和电费收入情况确定,优惠利率,信用贷款,以电费作还款保证
浙江玉环农村合作银行	光伏贷	区域内的个人及企业	可全额贷款建设户用分布式光伏电站,个人最多 20 万,企业最多 500 万
浙江武义农商银行	光伏贷	农户和企业	总额不超建设电站总额,个人最多 10 万元,企业最多 30 万元,最长不超过 5 年。优惠利息,还款灵活
山东庆云农商银行	“幸福阳光”光伏按揭贷款	个人或企业	商业类用户最长 5 年,农户最长 10 年,优惠利息,还款灵活,用发电收入账户作质押担保,并以此为主要还款来源

续表

银行或地区	名称	贷款对象	内容
河南省	清洁贷款	本省注册的中资及中资控股企业	一般项目最多7000万元人民币，重大项目最多3亿元人民币，不超总额的35%，最长5年，优惠利率
江苏银行	光伏贷	企业法人，包括项目公司，或公司的控股股东	总额不超过项目投资总额的70%，期限不超过8年，担保方式应符合本行规定，如抵押、质押担保等
江苏常州江南农村商业银行	绿能融	本区域企业	投资建设的分布式光伏项目不超过项目投资总额的70%，期限5年，利率原则上同基准利率
上海市	阳光贷	上海注册的企业	为就近开发利用建设的分布式光伏项目，不超过项目投资总额的70%，单个公司累计不超过1500万元，最长5年，担保公司收取1%年费
嘉兴禾城农商银行	光伏贷	本区域的个人、企业或经济组织	用于建设分布式光伏电站
浙江诸暨农商银行	光伏贷	个人和企业	建设分布式光伏电站，个人不超过20万元，企业不超过300万元，担保方式有信用、抵押质押、保证等
浙江海宁农商银行	光伏“分期宝”	本区域内的个人和企业	个人不超过20万元，企业不超过500万元，总额不超电站全部投资总额，最长不超过10年，优惠利率
浙江磐安县农信联社	光富贷	区域内的农户及企业	农户不超过20万元，企业不超过200万元，最长不超过10年。低收入农户还可享受基准利率及财政最高13500元的补助和全额贴息

3.4.2　光伏绿色信贷面临的风险问题

1. 影响中国光伏企业银行贷款的因素

影响中国光伏企业银行贷款的因素主要包括：

(1)政策因素。政策因素是影响中国光伏企业银行贷款的重要因素之一。中国政府对光伏产业的发展给予了大力支持，通过财政资金、税收优惠、电价补贴等方式促进了光伏企业的发展。同时，政府也鼓励银行对光伏企业提供贷款支持，如设立专门的绿色金融产品等。这些政策措施降低了光伏企业的融资门槛和融资成本，也提高了银行对光伏企业的贷款意愿。

(2)行业因素。行业因素也是影响中国光伏企业银行贷款的重要因素之一。光伏行业的发展前景和市场需求决定了企业的盈利能力和偿债能力。在当前全球应对气候变化和能源转型的背景下，光伏产业呈现出快速发展的态势，市场前景广阔，这使得银行更愿意向光伏企业提供贷款支持。

(3)企业因素。企业因素也是影响中国光伏企业银行贷款的重要因素之一。银行在审批贷款时，会综合考虑企业的经营状况、财务状况、市场前景等因素。因此，企业的盈利能力、偿债能力、现金流状况等都会影响银行贷款的审批结果。此外，企业的信用评级、行业地位、市场竞争优势等也会影响银行贷款的决策。

随着全球能源转型和应对气候变化的加速推进，光伏产业将继续保持快速增长的态势，因此，中国光伏企业的银行贷款需求也将继续增加。同时，随着银行业务的拓展和金融科技的运用，银行将能够更好地满足光伏企业的融资需求，提高贷款审批效率和融资便捷性。因此，未来中国光伏企业银行贷款仍将保持稳定增长的态势。

2. 光伏绿色信贷存在的风险

光伏绿色信贷是央行为了鼓励光伏产业发展制定的信贷政策，与此同时，它也是扶持农村光伏顺利开展的重要手段，有助于有效减轻农户参与农村光伏项目的经济压力。但是在实践中，光伏绿色信贷存在着一些风险，具体如下：

(1)申请贷款的光伏企业自身资质实力差别过大。有些成立早的企业，管理进入正轨，实力较强。与此同时，还存在一些企业，尤其是初创企业，资源有限，生产规模小，经验有所欠缺，生产的产品存在以次充好的问题，导致电站质量不合格，且更缺乏后期维护，企业自身的可持续发展前景差。比如，2017年，广东茂名的用户投资了当地某企业的光伏板项目，几个月后，企业倒闭，投资者血本无归[166]。

(2)电站建成后，由于质量、安装及售后等问题造成收益难以达到预期，也造成了还款困难问题。用户和银行对太阳能电站系统的光伏板的质量无法辨别，需专业的监测部门方可监测，且不同质量等级的光伏板的发电率和使用年限区别较大，光伏企业可能会为降低成本而使用劣质板。同时，安装问题，如倾斜度、尽可能使太阳照到光伏板上等，也与发电率有直接关系。另外，光伏板的预期使用年限是25年，建成后的售后不足，运维缺失，如出现光伏板积灰或自然灾害损害等问题时，对于电站发电收益也有直接影响，从而造成还款问题。

(3)企业的虚假宣传，如0首付、免费装、银行合作等。弱化贷款的协议内容，会使用户误解、忽视贷款还款的问题。同时，由于在初始安装时，用户未有资金投入，对电站的质量问题会缺乏主体责任人的监督心态，也会缺乏相应的贷款还款意识。因此，如果电站发电收益出现问题，企业关门大吉，还款中断，会造成银行上门、用户上访等不良后果。比如浙江衢州的一个用户在申请拆掉贷款建成的光伏电站时，收到需赔偿人工费、安装费上万元的通知[166]。同时，一般合理正常的贷款最多10年还完，若企业宣传用户0首付，企业15年甚至20年后赠予用户电站，需警惕，应是企业赚了属于用户的钱。另外，企业与银行合作时，由于银行的光伏贷款流程不清晰不统一，也会出现一些问题。比如，2018年，山东省无棣县一家企业承诺租用屋顶付租金，免费安装电站，但需农户在当地银行贷款建电站，贷款还款期3年，结果由于银行操作问题，改为农户1年内还款，造成农户未收到租金，同时贷款逾期的后果[167]。

3.4.3 绿色信贷在农村光伏中的实践情况

银行作为绿色信贷的实施主体，联合政府、企业开展农村绿色产业项目，对项目缺乏的资金提供绿色信贷支持，可帮助农村地区完成脱贫并持续创收，从而走向乡村振兴之路。目前为止，中国通过绿色信贷的农村产业模式已经被部分银行实施，在不少地区开展且收效显著。

兴业银行的绿色信贷发展一直走在我国银行前列。兴业银行的优势是差异化稳健运营。早些时期的精准扶贫充分发挥了差异化的特色，探索绿色信贷和精准扶贫融合发展，走出了绿色减贫之路[168]。至2020年末，兴业银行累计为精准扶贫和乡村振兴发放126.90亿元贷款[169]。兴业银行与江西、新疆、贵州、内蒙古等9个省区进行战略合作，银行的绿色信贷结合当地的资源禀赋，发展绿色减贫致富业务，使越来越多的农户吃上“绿色饭”，端上“生态碗”。兴业银行采用“输血+造血”的模式，进行产业振兴乡村。农村光伏是实践中被证明有效的一种。兴业银行在江西、山西、安徽等地优先落地光伏项目，让农户能晒着太阳赚钱。在江西，兴业银行给予60 MW的农村光伏项目提供融资，年平均发电量6309万度，预计年收入

5000多万元[169]。与此同时，农村光伏项目具有节能和环境效益，每年节约标准煤2.3万吨，减少CO_2排放6.9万吨。农户还同时利用光伏大棚下的地，进行家禽养殖、特色农作物种植等，增加附加收益。

农业银行河北省分行，针对农户年龄普遍偏大的现实问题，在农村光伏贷款中将借款人年龄放宽至75周岁[170]。

海南省农村信用社联合社原理事长提出，目前绿色金融对于农村产业的助力不够，大部分资金投入到了绿色环保的大项目中，应该平衡资金流向，加大农村产业扶持力度，助力“三农”发展[171]。2016年，海南省农信社给17059户建档立卡农户发放贷款近4.8亿元。

农行承德分行采取“政府＋金融”协同实施模式，以政府增信、银证联动、产业带动为特点，走出了一条集政银企为一体的农村光伏之路[172]。它由县政府风险补偿基金担保，建档立卡农户可向农行申请农村光伏贷款。截至2018年8月末，农行承德分行累计为732户建档立卡农户发放1865万元农村光伏贷款。

3.4.4 绿色信贷在农村光伏中存在的问题

首先，现有的已发布的绿色信贷的政策中，以《关于构建绿色金融体系的指导意见》为例，未将关于农村产业金融的条例写入，使得绿色信贷与农村产业、乡村振兴工作融合开展时权责模糊。绿色信贷在农村开展时，需要配套的农村信用体系、农村绿色项目的评级体系、担保抵押体系、商业性保险等相关法律法规的政策缺失，导致绿色信贷在农村产业中的工作风险性增大，银行在参与时无法科学化、规模化，降低了银行等金融机构的参与热情[173]。同时，面对形式多样的农村产业项目，需要种类丰富、覆盖面广的绿色信贷产品，现实情况却是中国目前的绿色信贷产品种类本身就不足，面向农村的种类更少。

其次，实施绿色信贷农村产业项目时，参与的主体包括政府、银行、企业、农户等，多层次参与者的博弈关系复杂，难以建立统一的资金筹措、利益分配体系，管理容易出现扯皮状况，导致绿色减贫项目管理难以流程化、阳光化。对于已经建成的农村光伏电站，由于后期的运维不足等问题，会造成收益的损失，从而影响农村光伏贷款的归还。2019年底，安徽智新信息咨询有限公司成立了二十余人的考察组，实地调查了我国1000多个已建成的农村光伏电站[174]。调研发现，我国已建的农村光伏电站的建设成本普遍偏高，测算的回收期也较长。有的农村电站的成本约高达10元/兆瓦，这个价格比我国光伏产业协会公布的当年的平均成本超出48%还多。另外，高成本带来的却是低发电效率、低收益。据估计，收回成本的年限超过25年。这对政府专用农村款项与光伏的补贴都造成了浪费。例如，江苏省盱眙县一处农村光伏项目的年收益到2020年时，已不足10万元，远低于39万元的建设前规划。目前的农村光伏电站收益，反而连农村光伏贷款都无法归还[175]。其根本原因是光伏电站的持续稳定收益，需要后期运维的实时跟进。但是，因为运维成本高，缺乏专业人员维护，农村光伏项目建成后，高昂的维护费用让农村望而却步，电站便处于少维护甚至不维护的状态。

再次，参与者对于绿色信贷和农村产业，以及二者关系的认知还不足。政府尤其要注意平衡商业银行与企业的利益问题，激发参与者的积极性，且项目只有获得长久的资金和技术支持，才能使得绿色减贫致富，乡村振兴落地，使得农户及各方获得收益。

最后，绿色信贷在农村光伏中还存在以下问题。

①政策协调问题：农村光伏涉及多个部门，需要各部门之间的协调配合。然而，在实际操作中，各部门之间的政策目标存在差异，可能会导致绿色信贷政策与农村产业政策之间的协调出现问题。

②征信体系不完善：农村光伏对象往往是农户，他们的信用记录不够完善，这可能会影响银行对风险的评估，从而限制了绿色信贷在农村光伏中的应用。

③贷款期限过长问题：光伏发电项目的寿命期较长，通常在20年左右，这使得银行的贷款期限也相应变长，从而增加了银行的信贷风险。同时，由于农村地区的光伏发电项目收益较低，银行可能会面临还款困难的风险。

④贷款利率问题：目前绿色信贷的利率相对较高，这可能会对农村地区的农户造成负担，同时也可能会对农村光伏的效果产生负面影响。

针对以上问题，银行和政府需要加强协调配合，完善征信体系，合理设置贷款期限和利率，同时加强对农村光伏项目的监管和支持，促进绿色信贷在农村光伏中的应用。

3.5 本章小结

本章对我国目前的绿色信贷发展的状况、实践经验及存在的问题做了梳理分析。从主要银行的绿色信贷实践活动可以看出，当前我国的各类绿色金融产品发展不平衡，绿色信贷所占比例较大，其他产品所占比例较小。目前我国的绿色信贷业务主要集中在对高污染高能耗产业的信贷约束，以及对绿色企业的信贷优惠支持等方面，但是支持的总量较少。本章梳理了我国光伏产业的发展状况，回顾了光伏产业的发展历程，分析了光伏产业的贷款难历史问题，对我国光伏产业的新领域——农村光伏的发展情况与贷款等问题也做了相应梳理总结。之后，本章对我国绿色信贷在光伏产业中的实践和存在的问题进行了梳理说明。光伏绿色信贷虽然是我国政府大力支持鼓励的绿色信贷,但是依然存在风险和其他问题,很多银行对此持谨慎态度。对于农村光伏,主要是国家在宏观政策方面提出相关意见,实际开展此类业务的银行较少,且开展业务的银行基本集中在农商行分行。本章对我国绿色信贷发展及光伏产业现状的梳理总结,为后续的定性定量分析奠定了现实基础与依据。

第 4 章

绿色信贷对我国光伏企业绩效的影响：基于博弈模型分析

4.1　问题的提出

光伏企业的贷款问题对于中国乃至世界光伏产业发展都至关重要。光伏发电的成本相对较高,只有少数发达国家会大幅增加对这些项目的投资。在中国改革开放的背景下,债务融资对中国光伏企业的发展和壮大起到了至关重要的作用[92]。银行贷款一直是企业发展的主要外部融资来源[176]。中国光伏绿色信贷的发展为检验信贷政策如何影响光伏企业的绩效提供了一个极好的案例研究素材。分析光伏绿色信贷对中国光伏企业绩效的影响,对学者和政策制定者都具有重要意义。光伏企业的贷款准入问题不仅关系到光伏企业自身的利益,也会对银行和政府的利益产生重大影响。政府、银行和光伏企业共同形成了一个持续的博弈,该博弈体现了光伏企业的贷款中各方的决策问题。因此,本书的目的是揭示政府、银行和企业如何处理光伏企业贷款请求问题,以及获得银行贷款与光伏企业绩效之间是否存在很强的因果关系。

在绿色信贷政策的影响下,政府发布了很多政策,对于光伏企业的贷款给予了很多的扶持,包括直接的政府补贴,间接地给予贷款贴息、鼓励引导银行对于光伏企业贷款给予优惠利率,以及放宽贷款要求等。在这样的背景下,光伏企业面对光伏绿色信贷是否贷款,地方政府是否对光伏企业绿色信贷给予支持,银行是否会授信参与光伏绿色信贷,这是本章博弈建模的出发点。本章建立了一个包含政府、银行和企业的博弈模型,分析了政府、银行和企业在光伏企业贷款方面的行为。

在光伏企业贷款中,政府、银行和企业各自扮演着不同的角色,相互之间的关系和互动非常重要。以下是具体的角色分析。

1. 政府角色

政府在光伏企业贷款中扮演着引导者和扶持者的角色。政府通过制定太阳能光伏发电的政策和规划,引导光伏企业的发展方向和融资需求。同时,政府还通过财政资金、税收优惠、电价补贴等方式,为光伏企业提供资金扶持和优惠待遇,以降低企业的融资门槛和融资成本。此外,政府还可以设立专门的金融机构和担保机构,为光伏企业提供更多的融资渠道和担保支持。

2. 银行角色

银行在光伏企业贷款中扮演着资金提供者和风险控制者的角色。银行根据企业的信用评级、财务状况、行业前景等因素,对光伏企业进行贷款审批和利率定价。

同时，银行还需要对贷款企业的资金使用进行监管，确保资金用于规定用途，并定期进行风险评估和控制。此外，银行还可以为光伏企业提供其他的金融服务，如理财、保险、信用证等，以帮助企业更好地管理财务和风险。

3. 企业角色

企业在光伏企业贷款中扮演着申请者和偿还者的角色。企业需要根据自身的融资需求和财务状况，向银行申请贷款，并严格按照贷款协议履行还款义务。同时，企业还需要积极进行财务管理和风险控制，以提高自身的偿债能力和市场竞争力。此外，企业还需要积极与政府部门和金融机构进行沟通和合作，以获得更多的政策和资金支持。

综上所述，政府、银行和企业各自扮演着不同的角色，在光伏企业贷款中相互作用和合作，共同推动太阳能光伏发电的发展和普及。

参考 Chen 等[177]的模型，本章构建了我国光伏产业中政府补贴、银行贷款与公司绩效之间的三方博弈模型。在这个模型中，每一方战略的选择涉及许多影响因素，其中一方战略的变化会影响另一方战略的变化。各方都在调整自己的战略，希望实现各自利益的最大化。通过对三方博弈模型的均衡解的求解和分析，本章找出了影响各方策略的最重要因素。这些结果为后续的实证分析提供了理论基础。

4.2 光伏贷款博弈模型的假设

充分考虑到银行贷款的实际情况[178-179]，博弈模型的建立做了如下假设：

(1)在本章光伏贷款博弈中，主要的博弈主体有 3 个：地方政府(政府)、银行和光伏企业。

(2)该博弈是不完全信息动态博弈。每个博弈参与者的行动都是有顺序的，后者可以通过观察前一个行动者在自己行动之前的行为来推断概率分布。

(3)假设所有参与者都是有限理性的，每个参与者都在这个过程中追求自己的最大利益。地方政府不遗余力地支持光伏企业，最终目的是促进当地经济增长、维护社会稳定和创造就业。银行贷款战略决策的依据主要表现为增加收入和降低不良贷款率。光伏企业的目标是增加企业绩效。

(4)政府对企业的支持主要体现在提供补贴上，政府对银行的激励(β)是希望银行放宽其对光伏企业的贷款准入。

基于以上假设，模型设置所需的参数如表 4.1 所示。

表 4.1　模型参数及含义

参数	含义
C_1	政府付出支持的总额
C_2	银行对贷款严格审核授信的成本
C_3	企业的贷款总额
U_{11}	政府支持企业时，政府的收益，如当地 GDP 等
U_{31}	当政府扶持时，企业申请贷款后获得的收益
U_{32}	当政府不扶持时，企业申请贷款后获得的收益
α	当政府扶持企业时，获得的贷款利率
θ	当政府不扶持企业时，获得的贷款利率
β	政府对银行的激励，以此鼓励银行放宽对企业的贷款条件
G_1	当企业申请贷款并得到政府扶持时，政府可以获得的盈余

4.3　光伏贷款博弈模型的建立及结果

4.3.1　光伏贷款博弈模型建立

三方博弈模型的参与者行为规则如下：

(1)三个参与者的行动顺序：政府先采取行动，银行再采取行动，光伏公司最后采取行动。

(2)参与者的策略：政府选择扶持光伏企业或不扶持；银行选择审查授信或不审查授信(在政府干预的情况下，银行的行为可能是“强授信”或“弱授信”，可能表现为授信审查成本高或低。在模型中，我们将银行的行为理想化为是否进行信用审查，将信用审查成本简化为 C_2 或 0)；光伏企业选择申请贷款或不申请贷款。

(3)参与者概率集：政府支持的概率为 x，政府不支持的概率为 $1-x$。银行审查授信的概率为 y，不审查授信的概率为 $1-y$。光伏企业贷款的概率为 z，不贷款的概率为 $1-z$。$0\leqslant x\leqslant 1,0\leqslant y\leqslant 1,0\leqslant z\leqslant 1$。

决策树见图 4.1，参与者收益矩阵见表 4.2。

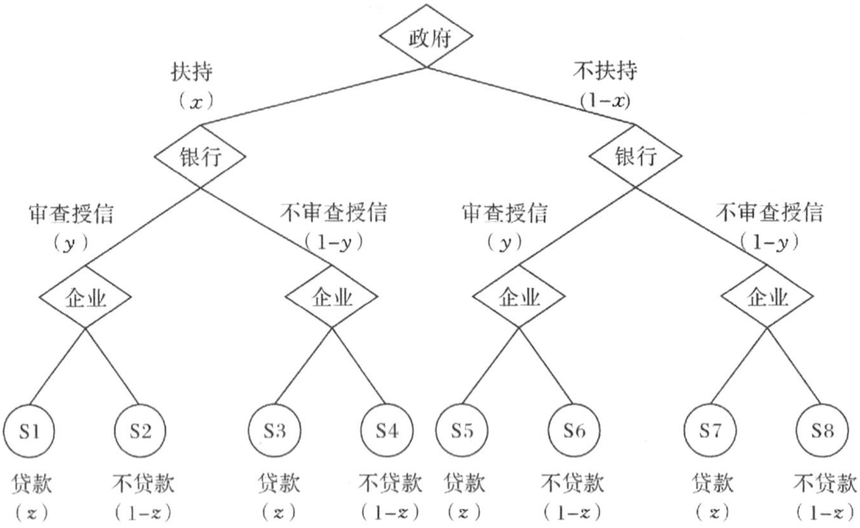

图 4.1　决策树

表 4.2　参与者收益矩阵

策略	政府的收益	银行的收益	企业的收益
S1	$U_{11}-C_1+G_1$	$-C_2+\alpha C_3$	$U_{31}-\alpha C_3+C_1$
S2	$U_{11}-C_1$	$-C_2$	C_1
S3	$U_{11}-C_1+G_1-\beta$	$\alpha C_3+\beta$	$U_{31}-\alpha C_3+C_1$
S4	$U_{11}-C_1-\beta$	β	C_1
S5	0	$-C_2+\theta C_3$	$U_{32}-\theta C_3$
S6	0	$-C_2$	0
S7	0	θC_3	$U_{32}-\theta C_3$
S8	0	0	0

4.3.2　光伏贷款博弈结果

本节用逆向归纳法求解动态博弈的均衡解[177]。F_1、F_2和 F_3分别代表了政府、银行和企业的收益。首先,求解光伏企业的最大期望收益,然后求得银行的最大期望收益,最后确定政府的最大期望收益,得到动态博弈模型的均衡解。

(1)光伏企业的期望收益为

$$\begin{aligned} F_3 = {} & xyz\Delta_{13} + xy(1-z)\Delta_{23} + x(1-y)z\Delta_{33} + x(1-y)(1-z)\Delta_{43} + \\ & (1-x)yz\Delta_{53} + (1-x)y(1-z)\Delta_{63} + (1-x)(1-y)z\Delta_{73} + \\ & (1-x)(1-y)(1-z)\Delta_{83} \end{aligned} \tag{4-1}$$

对它求导,令$\frac{\partial F_3}{\partial z}=0$,简化后得到:

$$x = \frac{\theta C_3 - U_{32}}{U_{31} - U_{32} + \theta C_3 - \alpha C_3} \tag{4-2}$$

由式(4-2)可知,政府扶持的概率与政府扶持的成本(C_1)无关。在 $0\leqslant x\leqslant 1$ 的条件下,得到 $U_{31}\geqslant \alpha C_3$。因此,当政府扶持下的企业收益($U_{31}$)大于成本($\alpha C_3$)时,政府采取扶持策略($x\sim 1$)。

(2)银行的期望收益为

$$\begin{aligned} F_2 = {} & xyz\Delta_{12} + xy(1-z)\Delta_{22} + x(1-y)z\Delta_{32} + x(1-y)(1-z)\Delta_{42} + \\ & (1-x)yz\Delta_{52} + (1-x)y(1-z)\Delta_{62} + (1-x)(1-y)z\Delta_{72} + \\ & (1-x)(1-y)(1-z)\Delta_{82} \end{aligned} \tag{4-3}$$

对它求导,令$\frac{\partial F_2}{\partial y}=0$,简化后得到:

$$\begin{aligned} z &= 1 - \frac{x\beta - C_2 - \beta}{(1-x)(-C_2)} = 1 - \frac{\beta(U_{32} - \theta C_3) - C_2(U_{31} - U_{32} + \theta C_3 - \alpha C_3)}{C_2(U_{32} - \theta C_3)} \\ &= \frac{U_{31} + \alpha C_3}{U_{32} - \theta C_3} - \frac{\beta}{C_2} \end{aligned} \tag{4-4}$$

由式(4-4)可知,企业申请贷款的概率与政府扶持的成本(C_1)无关。因为$\frac{\partial z}{\partial(U_{31}-\alpha C_3)}=\frac{1}{U_{32}-\theta C_3}>0$,故($U_{31}-\alpha C_3$)与 z 为正向关系。因此,当企业在政府扶持下的净收益($U_{31}-\alpha C_3$)增加时,企业趋向于申请贷款($z\sim 1$)。

(3)政府的期望收益为

$$\begin{aligned} F_1 = {} & xyz\Delta_{11} + xy(1-z)\Delta_{21} + x(1-y)z\Delta_{31} + x(1-y)(1-z)\Delta_{41} + \\ & (1-x)yz\Delta_{51} + (1-x)y(1-z)\Delta_{61} + (1-x)(1-y)z\Delta_{71} + \\ & (1-x)(1-y)(1-z)\Delta_{81} \end{aligned} \tag{4-5}$$

同上,令$\frac{\partial F_1}{\partial x}=0$,化简后得到:

$$y = 1 - \frac{G_1(1-z) + U_{11} - C_1}{\beta} = 1 - \frac{G_1(\alpha C_3 - U_{31})}{\beta(U_{32} - \theta C_3)} + \frac{G_1}{C_2} - \frac{U_{11} - C_1}{\beta} \tag{4-6}$$

因为$\frac{\partial y}{\partial C_2}=-\frac{G_1{}^2}{C_2}<0$,故 C_2 与 y 负相关。因此,当银行进行授信审查的成本降低时,银行选择审查($y\sim1$)。

由式(4-2)、式(4-4)、式(4-6)可得,政府、银行、光伏企业动态博弈的均衡解为

$$(x,y,z)=\{\frac{\theta C_3-U_{32}}{U_{31}-U_{32}+\theta C_3-\alpha C_3},1-\frac{G_1(\alpha C_3-U_{31})}{\beta(U_{32}-\theta C_3)}+\frac{G_1}{C_2}-\frac{U_{11}-C_1}{\beta},\frac{U_{31}-\alpha C_3}{U_{32}-\theta C_3}-\frac{\beta}{C_2}\} \tag{4-7}$$

4.4 光伏贷款博弈结果分析

1. 政府扶持的概率(x)与政府扶持的成本(C_1)无关

(1)中国政府一直不遗余力地支持光伏企业,通过各种政策措施和资金支持推动光伏产业的发展。具体表现在:

①光伏补贴政策:中国政府一直实施光伏补贴政策,以促进光伏产业的发展。光伏补贴政策包括对光伏发电的补贴、对光伏企业的税收优惠等,为光伏企业的发展提供了重要的支持。

②光伏发电项目审批绿色通道:中国政府在光伏发电项目审批方面设立了绿色通道,加快了光伏发电项目的审批流程。这对于光伏企业的发展具有重要意义,减少了项目审批的时间和成本。

③光伏产业基地建设:中国政府在多个地区建立了光伏产业基地,以促进光伏产业的发展。这些基地为光伏企业提供了重要的支持,包括资金支持、技术指导、市场拓展等。

④农村光伏工程:中国政府实施了农村光伏工程,通过在偏远地区建设光伏发电站,为偏远地区提供电力,同时也为光伏企业提供了重要的市场机会。

⑤太阳能供暖发展:中国政府积极推动太阳能供暖的发展,通过补贴、税收优惠等措施鼓励企业投资研发和应用太阳能供暖技术。这为光伏企业在太阳能供暖领域的发展提供了重要的支持和机遇。

⑥绿色金融支持:中国政府积极推动绿色金融的发展,通过绿色信贷、绿色保险等措施支持光伏企业的发展。这为光伏企业在融资方面提供了重要的支持和保障。

⑦光伏并网接入政策:中国政府加快了光伏并网接入政策的制定和实施,鼓励

电网企业优先接入光伏发电项目,促进了光伏发电的发展和应用。

⑧光伏产业研发支持:中国政府通过各种科研项目和资金支持,鼓励光伏企业的研发和创新,推动了光伏技术的进步和创新。

⑨电力市场化改革:中国政府积极推进电力市场化改革,为光伏企业在电力交易方面提供了更多的机会和选择,促进了光伏发电的发展和应用。

⑩环保政策支持:中国政府积极推动环保政策的发展,通过环保税收、环保检测等措施鼓励企业加强环保意识和技术改造,为光伏企业在环保方面的发展提供了重要的支持和保障。总之,中国政府在光伏产业发展方面颁布了大量的政策和投入了大量的资金,为光伏企业提供了重要的支持和帮助。这些政策和措施对于光伏产业的发展起到了重要的推动作用,也使得中国成为全球光伏产业的重要中心之一。

(2)政府过度支持光伏企业失败案例——无锡尚德。

在现实情况中,地方政府为了追求地方 GDP 的增长,不断加大对光伏企业的扶持力度,人力财力物力持续投入,期望能扶持当地光伏企业快速成长为当地的产业龙头,从而带动地方的经济发展。政府这一愿景的施行,往往会忽视自身的投入成本。其中,一个著名的光伏企业破产案例是无锡尚德的破产。无锡尚德是中国光伏行业的龙头企业之一,曾在全球范围内拥有较高的知名度和影响力。然而,在 2013 年,由于市场萎缩、债务负担过重以及管理不善等原因,无锡尚德宣布破产清算。无锡尚德的破产很大程度上就是政府过度扶持的后果。

回顾无锡市地方政府对尚德的扶持之路,企业初创时,政府牵头找到国企共同投资,到助推尚德上市时,又强制国企从尚德企业的股份中退出。在尚德快速发展扩张期,政府为其不遗余力地给予土地、直接补贴、税收优惠等支持。到最后尚德欠下巨额贷款时,政府运用多方资源为其归还债务。但是,依旧没能挽救尚德破产重组的结果。在政府不顾及成本的过度扶持下,光伏企业容易出现急剧扩张,造成危机的局面。政府扶持光伏企业没错,但是不能过度,尤其对其经营生产行为也进行干预。这是政府在扶持企业过程中的角色“越位”,政府本该是服务性角色,企业才是自主经营,主要依靠自身实力发展的主角。政府应多在战略上重视光伏企业,在战术上给予企业自由。

具体分析无锡尚德的破产原因,主要有以下几个方面。

①市场需求不旺:光伏发电的成本较高,使其在市场上对传统能源的竞争力不足。同时,政府对光伏市场的调控力度不足,导致市场需求不旺,使得企业的销售收入大幅下降。

②经营不善:无锡尚德在经营管理方面存在问题。例如,过度扩张导致资产负载率过高,经营费用过大;同时,企业未能及时调整产品结构,导致产品竞争力下

降。这些问题导致了企业的经营困难。

③资金链断裂：无锡尚德在经营过程中存在大量的负债，同时经营不善导致现金流出现问题。这使得企业的资金链断裂，无法维持正常的经营。

④政策调整：在无锡尚德破产前，中国政府曾出台了一系列政策措施支持光伏产业的发展。然而，随着市场的变化和政策调整，政府对光伏产业的支持力度减弱，使得企业的生存环境变得更加困难。

无锡尚德破产的案例提醒我们，尽管有政府的支持，但光伏企业仍然需要在经营管理、市场拓展、技术创新等方面加强力度。政府在支持光伏产业发展时，也需要把握好度，避免过度干预市场和企业的经营。同时，对于其他企业而言，无锡尚德的破产也提供了重要的警示，提醒其在经营过程中需要重视市场需求、优化管理、加强技术创新以及保持合理的财务状况。

2. 当政府扶持下的企业收益(U_{31})大于成本(αC_3)时，政府采取扶持策略

在光伏发展的大环境中，政府要为企业创造便利的公共服务条件，但企业发展的决策应由企业掌控，企业发展的优胜劣汰应交给市场。在经历了无锡尚德等事件，以及光伏产业的寒冬后，政府对于光伏企业的扶持也更看重企业自身的经营发展状况。

政府对于光伏企业的扶持态度更看重企业自身的经营情况是一个重要的趋势。在过去，政府可能会向光伏企业提供大量的政策和资金支持，以促进光伏产业的发展。然而，随着光伏产业的发展和市场需求的变化，政府开始加强对光伏企业自身经营情况的考察和监管，以保障光伏产业的发展和市场的稳定。具体而言，政府在考察光伏企业的经营情况时，可能会考虑以下几个方面。

①企业的财务状况：政府会考察光伏企业的财务状况，如资产负债率、现金流等。对于负债过高、现金流不稳定的企业，政府会更为谨慎地考虑是否给予支持。

②企业的经营管理能力：政府会考察光伏企业的经营管理能力，如企业的战略规划、成本控制、市场拓展等。对于经营管理能力较弱的企业，政府可能会提供更为有限的扶持政策。

③企业的技术创新实力：政府会考察光伏企业的技术创新实力，如研发投入、专利数量等。对于技术创新实力较强的企业，政府可能会提供更为优厚的扶持政策。

④企业的社会责任意识：政府会考察光伏企业的社会责任意识，如环境保护、劳工权益等。对于社会责任意识较弱的企业，政府可能会提供更为有限的扶持政策。

政府基于光伏企业的经营状况给予扶持的具体企业案例有很多，这类企业通常在经营管理、技术创新等方面具有强大的实力,政府通过政策和资金支持,促进这些企业的发展,推动光伏产业的发展和市场的稳定。以下列举其中几个著名的案例。

(1)晶科能源:作为全球领先的太阳能光伏企业之一,晶科能源在光伏组件、太阳能电池片等产品的研发、生产和销售方面具有强大的实力。政府在晶科能源的经营过程中给予了大量的政策和资金支持,如优惠贷款、税收减免等,以促进其发展。

(2)协鑫集成:作为中国最大的光伏材料生产企业之一,协鑫集成在太阳能级硅料、光伏硅片、太阳能电池片等产品的研发、生产和销售方面具有强大的实力。政府在协鑫集成的经营过程中也给予了大量的政策和资金支持,如补贴、税收减免等,以促进其发展。

(3)阳光电源:作为中国领先的光伏逆变器企业之一,阳光电源在光伏发电系统的研发、生产和销售方面具有强大的实力。政府在阳光电源的经营过程中也给予了大量的政策和资金支持,如优惠贷款、补贴等,以促进其发展。

总之,政府对于光伏企业的扶持态度更看重企业自身的经营情况是一个重要的趋势。政府会加强对光伏企业自身经营情况的考察和监管,以保障光伏产业的发展和市场的稳定。对于其他光伏企业而言,需要加强自身的经营管理、技术创新实力和社会责任意识,以获得更多的政策和资金支持。

3. 银行审查企业申请贷款的概率(z)与政府扶持的成本(C_1)无关

银行进行授信审查的成本(C_2)降低时,银行会选择详细审查。早在 2012 年底,光伏产业经历寒冬之时,商务部、工信部、财政部、能源局以及 36 家银行、光伏产业联盟及企业代表在河北保定协商,达成共识,银行产业扶持的是优秀的企业,对于业绩差、经营极差的企业任其在寒冬中自生自灭。银行选择授信的光伏企业是有实力的、有技术和责任的优质光伏企业,而不是看中地方政府对该企业的重视、扶持程度。在当前光伏产业发展势头良好之时,银行对于企业的贷款需求的审核,主要还是审核企业的状况,而不是产业发展的总体状况和前景。同时,各个银行审查的步骤与过程不同,有的银行注重贷前审查,有的银行实施全生命周期审查,包括贷前、贷中、贷后的审查。审查方式的不同,贷款的风险性评估与审查的抗风险性也会不同。银行会根据自身情况,尤其会考虑到银行的审查成本,选择具体的审查授信流程。

以下是一个政府扶持下银行依然严格审查没有给光伏企业贷款的具体企业案例。2018 年,我国某银行拒绝了一家光伏企业的贷款申请。该光伏企业在 2017

年新增产能 4.5 GW，位列全球光伏企业产能排行榜前三名，是一家经营状况良好的光伏企业。银行方面表示，该企业的贷款申请被拒绝是因为银行需要对贷款申请进行综合评估，而该企业在其他方面的条件不符合银行的贷款要求，如财务报表、信用评级等。

银行对贷款申请的审批是基于综合评估的，不会仅仅因为企业所处的行业受到政府扶持就放松审批标准。银行会根据企业的实际情况进行评估，综合考虑企业的经营状况、财务状况、市场前景等因素，以确定贷款申请是否符合要求。因此，即使在政府扶持下，光伏企业也不一定能够获得贷款支持。同时，银行对光伏企业进行严查贷款的行为，主要是出于自身风险控制的考虑。政府的扶持态度只是其中的一个方面，并不是唯一的因素。如果政府对光伏企业提供了大力支持，银行可能会认为光伏企业在未来有更大的发展潜力，从而愿意提供更多的贷款支持。但是，如果政府的态度发生变化，银行可能会重新评估光伏企业的风险状况，并采取相应的措施。

因此，银行对光伏企业进行严查贷款资格的行为，应该综合考虑各种因素，包括政府的扶持态度、企业的财务状况和信誉状况、市场前景等。只有这样，才能确保贷款的安全性，并促进光伏企业的健康发展。

4. 企业申请贷款的概率与政府扶持的成本(C_1)无关

光伏企业自身是否申请贷款，应该基于企业自身的经营状况、财务状况、市场前景等因素，而不是基于政府的扶持态度。政府的扶持态度可以作为企业获得贷款和政策支持的一个有利因素，但它并不是唯一的因素。

光伏企业在考虑申请贷款时，需要综合考虑以下几个方面。

(1)企业的经营状况：包括企业的产品研发、生产制造、市场营销、管理等各方面的状况。如果企业的经营状况良好，有稳定的盈利和现金流，那么企业就有更大的可能性获得贷款。

(2)企业的财务状况：包括企业的资产、负债、利润、现金流等财务指标。如果企业的财务状况健康，有足够的偿债能力，那么企业就有更大的可能性获得贷款。

(3)企业的市场前景：包括企业所处市场的规模、增长率、竞争状况等，以及企业的产品在市场中的竞争力。如果企业的市场前景良好，产品具有竞争力，那么企业就有更大的可能性获得贷款。

(4)政府的扶持：政府的扶持可以作为企业获得贷款和政策支持的一个有利因素，但它并不是唯一的因素。企业应该综合考虑政府的扶持、政策环境等因素进行综合评估。

下面是一个光伏企业申请贷款不是基于政府扶持的具体企业实例。

隆基绿能科技股份有限公司(以下简称“隆基绿能”)是一家全球领先的太阳能科技公司。隆基绿能成立于 2000 年,致力于太阳能发电和太阳能产品的研发、生产和销售。公司的主要产品包括单晶硅片、电池片和组件、电站建设等。

2019 年,隆基绿能完成了行业内最大规模的 B 轮融资。该融资总额为 15 亿元,由高瓴资本、中信产业基金、新加坡政府投资公司、淡马锡、红杉资本等机构投资。这一融资不仅体现了隆基绿能的商业模式得到了市场的高度认可,也显示了公司未来发展的潜力。

2020 年,隆基绿能宣布了新一轮的融资计划,拟募资不超过 100 亿元。该融资计划将用于公司的研发投入、产能扩张和市场推广等方面。这一融资计划的成功将为公司未来的发展提供强有力的资金支持。

由此可见,隆基绿能自身申请贷款并不是基于政府扶持的,而是基于公司自身的经营状况、财务状况、市场前景等因素。虽然政府对光伏企业的扶持态度可以作为企业获得贷款和政策支持的一个有利因素,但它并不是唯一的因素。银行在审查贷款申请时应进行综合评估,以确保贷款的安全性和企业的健康发展。

总之,光伏企业自身是否申请贷款,应该基于企业自身的经营状况、财务状况、市场前景等因素,而不是基于政府的扶持态度。企业在申请贷款时,需要对自身的状况进行综合评估,以确定是否需要贷款支持,以及如何获得贷款支持。

5. 当政府扶持下企业的净利润($U_{31}-\alpha C_3$)增加时,企业会选择申请贷款

如果政府对光伏企业进行扶持,企业的净利润增加,企业可能会倾向于申请贷款,以进一步扩大生产规模、提高市场占有率、拓宽业务领域等。在政府扶持下,光伏企业的净利润增加,说明企业已经具备了一定的市场竞争力和经营管理能力。如果企业想要进一步发展,贷款是一种重要的融资方式。通过申请贷款,企业可以获得更多的资金支持,加速业务扩张,提高盈利能力,进一步增加净利润。此外,如果光伏企业在政府扶持下获得了贷款支持,银行可能会给予该企业更高的信用评级和更优惠的利率,从而降低企业的融资成本,提高盈利能力。因此,如果光伏企业在政府扶持下获得了净利润增加的好机会,申请贷款是一个不错的选择,可以帮助企业进一步快速发展。

以下是一个政府扶持下光伏企业经营好时,企业选择贷款的具体案例。2022 年,中国国家能源局发布了《关于 2021 年度太阳能发电建设项目有序建设相关工作的通知》,其中提到了一家光伏企业的贷款情况。该通知指出,该光伏企业计划在 2021 年建设总装机容量为 500 兆瓦的太阳能发电站,其中 150 兆瓦的装机容量将获得国家开发银行的贷款支持,贷款金额为 10 亿元人民币。该光伏企业能够获得国家开发银行的贷款支持,与其在光伏领域的良好经营状况和市场竞争优势有关。此外，政府对光伏企业的扶持态度也是该企业能够获得贷款支持的重要原因之一。值得注意的是，以上只是个例，并不代表所有光伏企业都能获得国家开发银行的贷款支持。银行在审查贷款申请时会进行综合评估，以确保贷款的安全性和企业的健康发展。

总之，光伏产业企业在经历过盲目扩张，遭受过寒冬，尤其是大量光伏企业，甚至头部企业的破产、倒闭、重组之后，再次面对绿色信贷政策对于光伏企业贷款的支持时，表现出了更加理性的一面。政府的支持不能解决所有的问题，企业发展主要还是依靠自身实力的强大，没有一个政府会最终为企业的破产买单。当企业的经营业绩良好，依据自身发展需要，认为可以贷款时，光伏企业会选择贷款，这个时期光伏企业的贷款落足点放到了自身的业绩和发展需求上，也更符合市场规律。

4.5 本章小结

本章采用博弈模型，分析了政府补贴和银行贷款对光伏产业企业的影响。本章通过建立政府、银行、企业的博弈模型，研究了在光伏绿色信贷背景下，政府扶持光伏企业的决策、银行对待光伏企业申请贷款的决策以及光伏企业申请银行贷款的决定。博弈结果说明政府是否选择扶持，光伏企业是否选择贷款，都与政府扶持的多少无关。博弈分析也表明光伏企业绩效是影响政府选择扶持光伏企业的重要因素。博弈结果进一步表明，在经历过光伏产业企业的寒冬过后，在面对绿色信贷支持下光伏贷款回暖的大环境下，政府依然大概率会选择支持光伏企业，这是地方政府对于国家政策的积极响应，但同时，政府的这种扶持更注重对企业自身的经营业绩情况的考虑。银行在面对光伏企业的贷款申请需求时，也会更看重企业自身的经营业绩状况。另外，银行还会考虑到自身的授信审查成本。光伏企业在面对光伏贷款利好的形势下，也会更加谨慎，依据自身状况做出判断，而非一窝蜂跟风而上。本章对绿色信贷政策下的光伏贷款中的主要参与者的决策影响因素通过博弈模型做了分析，在光伏绿色信贷发展的几年里，对我国光伏企业的绩效到底产生了什么样的作用，本书将在下一章运用计量模型，做定量分析研究。

第 5 章

绿色信贷对我国光伏企业绩效影响的DID和PSM-DID分析

5.1 问题的提出

绿色信贷是一种特殊的金融产品，它的推出旨在促进环境友好型和社会责任型企业的发展，同时实现经济的可持续发展。在我国，绿色信贷已经成为金融机构支持光伏企业发展的重要手段之一。太阳能光伏发电是一种清洁能源技术，具有高效、环保、可持续等优点，已经成为全球新能源领域发展的重要方向。中国作为全球最大的光伏产业国家，拥有大量的光伏企业和光伏发电项目。在这些项目的建设和运营过程中，银行贷款是光伏企业重要的资金来源之一。截至 2021 年，中国光伏企业的银行贷款余额已经超过 1 万亿元人民币，占全国企业贷款余额的近 20%。其中，光伏电站建设贷款余额达到 6000 亿元人民币，组件、电池片、硅料等光伏制造行业贷款余额分别达到 1500 亿元人民币、1000 亿元人民币、500 亿元人民币。可以看出，光伏产业已经成为银行贷款的重要方向之一。

以光伏公司为例，隆基绿能是中国光伏行业的龙头企业之一，其主要产品包括单晶硅片、电池片和组件等。截至 2020 年底，隆基绿能的总资产为 215.55 亿元人民币，总负债为 130.38 亿元人民币，净资产为 85.17 亿元人民币。其银行贷款余额为 30 亿元人民币，主要来自中国银行、建设银行、农业银行等大型银行。中兴能源是中国光伏逆变器制造商之一，其主要产品包括光伏逆变器、光伏组件等。截至 2020 年底，中兴能源的总资产为 63.37 亿元人民币，总负债为 47.07 亿元人民币，净资产为 16.30 亿元人民币。其银行贷款余额为 10 亿元人民币，主要来自中国银行、建设银行、中信银行等大型银行。

绿色信贷对我国光伏企业绩效具有正面的影响，但也存在一些负面的影响。

1. 正面影响

(1)资金支持：绿色信贷可以为光伏企业提供专门的融资渠道和资金支持，帮助企业解决资金瓶颈问题，促进企业的经营和发展。

(2)降低成本：绿色信贷的利率通常较低，可以降低光伏企业的融资成本，提高企业的盈利能力和市场竞争力。

(3)扩大规模：光伏企业可以通过绿色信贷获得更多的资金支持，从而扩大企业规模和市场份额，提高企业的市场地位和影响力。

(4)优化结构：绿色信贷可以引导光伏企业进行技术创新和产业升级，从而优化企业的产品结构和产业结构，提高企业的核心竞争力。

2. 负面影响

(1)资金约束：如果光伏企业无法按时还款或者出现其他问题，银行可能会对其采取收紧贷款等措施，从而约束企业的发展。

(2)风险传染：如果光伏企业在绿色信贷融资过程中出现风险问题，这可能会对整个金融体系产生风险传染影响。

(3)结构不平衡：如果光伏企业过度依赖绿色信贷融资，这可能会导致企业的资金结构和财务状况出现不平衡的情况，从而影响企业的长期发展。

上一章通过博弈模型，讨论了政府、银行、光伏企业在面对绿色信贷政策下，对于光伏贷款的博弈行为。本章基于中国光伏上市企业的面板数据，实证分析了政府补贴和银行贷款对光伏企业绩效的影响。鉴于光伏绿色信贷提供了一种准自然的实验，贷款获取对企业生产率的实证评估可以丰富相关文献。同时，本章评估光伏绿色信贷可以为未来的政策制定提供信息，通过强调提高政府补贴政策的有效性、银行监管和光伏企业贷款的合理性的影响。

5.2 数据及银行的信贷决策探讨

5.2.1 数据说明

本节收集了 2007—2017 年(因为新会计准则于 2007 年实施)在沪深两市上市的所有 A 股公司的数据。剔除其他产业受限制放贷的企业①、某些年份数据缺失的企业以及有异常值的企业后，保留了 2007—2017 年的 1053 家企业。其中，对照组有 1012 家企业，试验组有 41 家光伏产业企业。

本节以资产收益率(R)作为衡量企业经营绩效的指标，还选取了一些财务指标，如对企业的贷款，企业获得的补贴，经营活动产生的现金流量，购买固定资产、无形资产和其他长期资产所支付的现金。控制变量为资产负债率和公司规模(是否为国有企业的属性)。补贴处理同第 4 章，使用全部政府补贴总额。这些财务指标反映了公司的偿债能力、盈利能力、经营能力和增长能力。与贷款规模相比，贷款的增长率更能反映贷款，特别是长期贷款对企业绩效影响的可持续性。此外，本节选择了工业出口额，并计算其年变化率，以反映光伏产业受国际需求的影响。为了检验贷款和补贴对企业绩效是否具有非线性影响，在本模型中引入了这两个变量的平方项。考虑到国有企业的规模往往大于非国有企业，故在本分析中引入了企业规模与“国有企业”属性的互动项。本研究使用的变量如表 5.1 所示。出口数据来自 UN Comtrade，其他数据均来自 Wind②。通过计算贷款差异

---

① 这些产业包括风电设备、钢铁、水泥、建筑机械、有色金属、煤化工和造船[151]。

② 对于未被纳入 UN Comtrade 数据集的产业，本书使用了该数据集中所有产业在那一年的平均年变化率。

$(L_t - L_{t-1})$，去掉了 2007 年的数据，最终得到了 1053 家公司的 2008—2017 年的面板数据。表 5.2 显示了对照组和光伏产业企业（实验组）的描述性统计数据。

表 5.1　变量定义

变量	定义
R	资产收益率
L	$(L_t - L_{t-1})$/总资产 L＝长期贷款＋短期贷款＋应付票据
L^2	L 的平方项
S	政府补贴/总资产
S^2	政府补贴的平方项
C	经营活动产生的现金流量/总资产
I	购买固定资产、无形资产和其他长期资产/总资产
L_{LEV}	资产负债率＝总负债/总资产
E	工业出口额的年变化率
S_{SIZE}	总资产的自然对数
S_{SOE}	是否国有企业？（是＝1，否＝0）
$S_{SIZE} \times S_{SOE}$	企业规模与企业属性的交叉项

表 5.2　描述性数据统计

组别	变量	mean	Std. Dev.	min	max
对照组 (obs＝10120，企业＝1012)	R	0.036	0.063	−1.495	1.268
	L	0.019	0.100	−1.229	0.659
	S	0.005	0.008	−0.001	0.333
	C	0.047	0.075	−0.996	0.577
	I	0.056	0.052	0.000	0.545
	L_{LEV}	0.503	0.206	0.035	6.281
	E	1.078	0.159	0.439	1.668
	S_{SIZE}	22.163	1.335	16.520	28.509
	S_{SOE}	0.510	0.500	0.000	1.000

续表

组别	变量	mean	Std. Dev.	min	max
光伏企业（obs=410，企业=41）	R	0.031	0.068	−0.691	0.170
	L	0.033	0.107	−0.437	0.424
	S	0.005	0.010	0.000	0.154
	C	0.048	0.062	−0.156	0.264
	I	0.072	0.060	0.000	0.412
	L_{LEV}	0.531	0.185	0.125	1.112
	E	1.198	0.532	0.595	2.345
	S_{SIZE}	22.204	1.136	19.576	25.744
	S_{SOE}	0.415	0.493	0.000	1.000

5.2.2 商业银行的信贷决策探讨

从商业银行经营的角度来看，盈利是其一个重要的目标，但盈利只有在资金安全和具有流动性的前提下才能实现。商业银行的信贷决策受到宏观政策的影响，它对企业的贷款起着重要的作用。在本部分，选择表 5.1 所示的财务指标、公司规模、国有企业属性作为解释变量，来检验企业财务指标是否会影响商业银行的信贷决策。此外，商业银行的信贷决策通常是基于公司上一年度的财务状况。本书使用一个周期滞后的“L”作为因变量（Lag(L)）（所有变量的描述如表 5.1 所示）。同时，根据 Hausman 检验的结果，采用固定效应面板模型。结果如表 5.3 所示。

表 5.3　商业银行信贷决策的影响分析

因变量：Lag(L)	(1)	(2)	(3)
S	−0.058		0.076
	(0.141)		(0.138)
R		−0.031	−0.021
		(0.022)	(0.024)
C			−0.082***
			(0.019)

续表

因变量:Lag(L)	(1)	(2)	(3)
C^2			0.124
			(0.086)
I			0.282***
			(0.059)
I^2			−0.211
			(0.221)
L_{LEV}			0.149***
			(0.013)
L_{LEV}^2			−0.031***
			(0.004)
E			−0.012
			(0.009)
S_{SIZE}			0.047***
			(0.003)
S_{SOE}			0.016
			(0.082)
$S_{SIZE} \times S_{SOE}$			−0.001
			(0.003)
Cons	0.028***	0.029***	−1.048***
	(0.003)	(0.003)	(0.064)
N	9477	9477	9477

注:标准误差在括号中;***、**、* 分别表示 1%、5%、10%的统计学意义。

从表 5.3 的(3)列可以看出,政府补贴对企业获得贷款的影响是正向的,而资产负债率对企业获得贷款的影响是负向的,但影响并不显著。这些结果与上一章的结果是一致的。

根据样本企业财务报表披露的补贴明细,政府补贴可分为技术研发、科技合作、专利补贴、成果转化等技术补贴,设备采购、技术创新和基础设施资产等资产补贴,人才引进和培训等人才补贴,示范工程、工程节能环保补贴,产品出口补贴等大类。政府对这些企业的补贴主要基于产业发展战略,而不是直接着眼于提高企业业绩。因此,政府补贴为银行信贷决策提供了参考,但并不是重要的影响因素。经营绩效(R)为正,但影响不显著,而反映企业流动性的 C、I 和 L_{LEV} 三个指标对企业获得贷款的能力有显著影响。

银行的信贷决策不仅取决于对企业的评估,还取决于企业对贷款的意愿。经营活动现金流量系数(C)为负,因为高现金流量不仅反映了企业偿还债务的能力,同时也推断出企业外部融资需求较低。I 反映了业务项目良好的流动性和期限,有利于银行授信。资产负债率对企业的贷款渠道有正向影响,但过高的资产负债率会阻碍银行的授信行为。

从以上分析可以看出,与盈利能力相比,银行的信贷决策更加注重偿付能力。同时,可以忽略在 DID 模型中 R 与 L 之间的内生性问题,因为贷款用的是滞后一期贷款。此外,企业规模对企业贷款获取有正向影响,而对国有企业的贷款获取不显著。这意味着公司规模越大,越有利于获得贷款。

5.3 光伏贷款的潜在影响:基于 DID 和 PSM-DID 的评估

双差分(DID)方法将制度变迁和新政策作为一个外生经济系统的"自然实验",它广泛应用于实证经济学和其他社会科学评估某些政策干预的效果方面,这种方法不会对所有人在同一时间,以同样的方式产生影响[180-181]。在绿色信贷实施期间,这一针对光伏企业的政策可以看作是一种准自然的实验。因此,本章利用 DID 分析了这一政策对光伏企业绩效的影响。为了使结果更具鲁棒性,本书进一步采用了 PSM-DID[182]。为了消除样本偏差,本章选择了与实验组特征尽可能相似但不受绿色信贷政策影响的公司作为对照组。如果 PSM-DID 的结果与 DID 相似,则说明该结果是稳健的。

5.3.1 光伏贷款的 DID 评估

银行对光伏企业的限贷可以看作是一个准自然的实验,本章应用 DID 分析了光伏绿色信贷对光伏企业绩效的影响。样本分为两组。当光伏产业受到限贷时,它被纳入实验组。当光伏产业不受贷款限制(以及推广光伏绿色信贷)时,纳入对照组。限贷政策的实施期限为 2013—2015 年。相应地,将样本期分为两个子期:(2008—2012 年、2016—2017 年)和(2013—2015 年)。因此,所有公司被分为四个组:在第一个时期,对照组和实验组都不受该政策的限制,在第二个时期,实验组暴露于信用限制政策,而对照组不会。

DID 模型如下：

$$R_{i,t}=\beta_0+\beta_1 T_i+\beta_2 T'_t+\beta_3(T_i\times T'_t)+\sum_{k=1}^{k}\beta_{k+3}X_{k,i,t}+\varepsilon_{i,t} \qquad (5-1)$$

式中，$R_{i,t}$是企业 i 在 t 时刻的资产收益率指标；β_0为固定效应回归的截距项；T_i是虚拟变量，如果 i 为 1，企业在实验组，i 为 0 则在对照组；T'_t为虚拟变量，在 2013—2015 年为 1，其他时间为 0；β_1，β_2分别为 T_i和 T'_t的系数，β_3是 $T_i\times T'_t$的系数，为 DID 估计量；$X_{k,i,t}$是 t 时刻 i 企业的第 k 个控制变量；β_{k+3}为第 k 个控制变量的回归系数。

公式(5－1)中的 DID 的 β_3将决定受限制贷款期间的企业的绩效在考虑了各种控制变量之后相对于其他企业是否受到限制。

在 DID 方法中有一个关键的假设，即随着时间的推移，预期的潜在非实验结果的差异与实验后属于实验组或对照组无关[181]。假设的意思是，如果没有限制贷款政策，光伏企业和其他产业企业的经营业绩趋势不会随着时间的推移而发生系统性差异。为了使共同的趋势假设更加可信，下面进一步采用倾向得分匹配(PSM)[182]方法来识别实验组的企业与对照组的企业有相似的特征。PSM 方法的基本思想是在对照组中找到一家企业 j，使 j 的可观察变量与实验组中企业 i 的可观察变量相似。当企业特征对信贷限制政策实施的影响完全取决于可观察变量时，企业 j 和企业 i 实施信贷限制政策的概率是相似的。因此，这两个企业可以相互比较。倾向得分通过公式(5－1)中的控制变量 X 和逻辑回归来衡量限制向一家企业贷款的概率。所有 PSM 分析均使用 Stata ado psmatch2 进行[183]，几种算法的结果是相当一致的。然而，由于控制变量的最佳平衡特性，本书采用了 2-nearest neighbour(NN)匹配方法来确定匹配的对照企业[184]。

图 5.1 显示了 2008—2017 年实验组和对照组的平均资产收益率。在图 5.1 中，我们发现两组的平均资产收益率趋势相似，拐点在 2011 年和 2015 年。然而，实验组与对照组之间的差距从 2012 年开始扩大，并在 2013 年和 2015 年(政策实施期间)继续扩大，直到 2016 年缩小(光伏绿色信贷开始推行)。

表 5.4 进一步显示了在政策执行和不执行期间，实验组和对照组的平均资产收益率的差异。虽然由于经济周期的影响，两个组在政策期间的平均资产收益率都有所下降，但光伏产业在政策期间的下降幅度比对照组更大。从表 5.3 所示的结果我们可以看到，在信贷限制政策执行期间，光伏产业的资产收益率平均下降 0.031，但同期对照组平均资产收益率只下降了 0.010，且差异在 1%水平上具有统计学意义。此外，当采用 PSM 方法确定对照组时，结果是一致的。从图 5.1 和表 5.3、表 5.4 可以看出，信贷限制政策对企业的运营有负面影响。

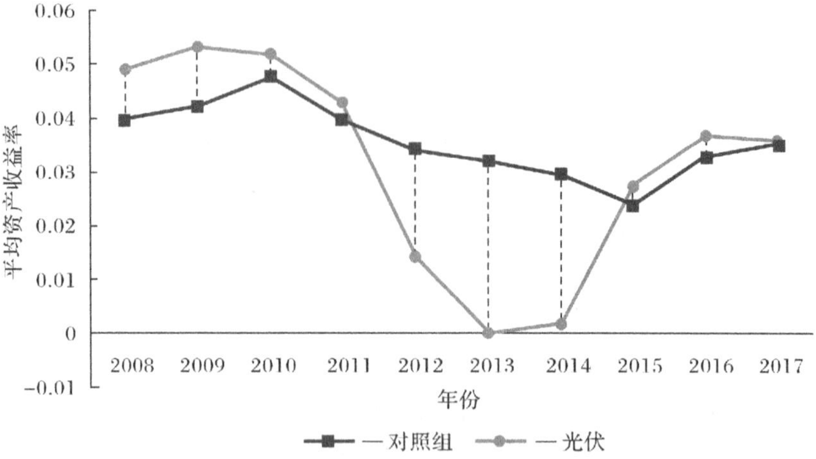

图 5.1　2008—2017 年光伏产业和对照组的平均资产收益率

表 5.4　两组平均资产收益率的差异(2013—2015 年)

项目		样本	PSM
执行前	对照组	0.039	0.033
	实验组	0.041	0.036
	Diff(T-C)	0.002	0.003
		(0.004)	(0.006)
执行后	对照组	0.029	0.028
	实验组	0.010	0.010
	Diff(T-C)	−0.020***	−0.019**
		(0.006)	(0.010)
DID		−0.022***	−0.022**
		(0.007)	(0.011)
N		10530	1273

注:标准误差在括号中;***、**、*分别表示 1%、5%、10%的统计学意义。

考虑到补贴会记入公司收入,直接促进公司绩效,为了避免可能出现的内生性问题,首先采用滞后变量作为工具变量,检验补贴及其平方项的内生性。研究结果表明,补贴与公司绩效之间存在内生性。然后进一步对两个工具变量进行不可识别检验和弱识别检验。结果表明,工具变量不存在此类问题。因此,将补贴的滞后补贴和滞后平方项纳入 DID 模型进行分析。

表 5.5 报告了限贷政策和绩效的 DID 估计结果。可见,$T\times T'$的系数在 1%

的水平下显著为负，光伏企业在限贷政策期间的平均资产收益率比未受政策影响的企业下降了0.022(列1)。当包含控制变量时，$T\times T'$的系数仍然显著为负，但数值下降(列2)。

表5.5　光伏企业的DID和PSM-DID结果

独立变量:R	DID		PSM-DID	
	(1)	(2)	(3)	(4)
$T\times T'$	−0.022***	−0.015***	−0.024*	−0.016*
	(0.006)	(0.005)	(0.013)	(0.009)
T'	−0.014***	−0.021***	0.005	−0.008
	(0.002)	(0.003)	(0.018)	(0.015)
T	0.028	0.025	0.034	0.044
	(0.024)	(0.023)	(0.086)	(0.068)
L		0.031***		0.147***
		(0.005)		(0.025)
L^2		−0.004		−0.313***
		(0.014)		(0.093)
S		0.548***		−0.078
		(0.102)		(0.567)
S^2		−0.595		3.150
		(0.574)		(4.583)
C		0.191***		0.202***
		(0.008)		(0.037)
I		0.050***		0.034
		(0.013)		(0.055)
L_{LEV}		−0.137***		−0.205***
		(0.004)		(0.013)
E		0.002		0.017
		(0.004)		(0.014)
S_{SIZE}		0.002		0.009
		(0.001)		(0.006)

续表

独立变量:R	DID		PSM-DID	
	(1)	(2)	(3)	(4)
S_{SOE}		−0.264***		−0.269*
		(0.036)		(0.159)
$S_{SIZE}\times S_{SOE}$		0.011***		0.009
		(0.002)		(0.007)
Cons	0.006	−0.046	0.001	−0.073
	(0.017)	(0.031)	(0.082)	(0.136)
Adj R^2	0.276	0.406	0.058	0.571
N	10530	10530	1273	1273

注:标准误差在括号中;***、**、* 分别表示 1%、5%、10%的统计学意义。

5.3.2 光伏贷款的 PSM-DID 评估

本节运用 PSM 方法对匹配的对照企业进行比较,再次进行 DID 回归。如表 5.5的(3)列和(4)列所示,无论是否加入控制变量,$T\times T'$的系数仍然显著为负,且分别比(1)列和(2)列的系数大。

对于控制变量,贷款与总资产之比、补贴、现金流量的增长、为资产支付的现金与总资产之比的增长均有显著的正影响,而资产负债率对企业绩效没有影响。在 PSM-DID 模型中,以现金支付的资产占总资产的比率的系数不显著。此外,在 PSM-DID 模型中,补贴系数为负,但不显著。五个变量的系数表明,充足的资金是保证企业顺利运行和提高业绩的必要条件。

同时,两种模型的贷款平方项系数均为负。(2)列的补贴方项的系数为负,(4)列为正,均不显著。这一结果与上述结论一致,即贷款和补贴可以促进企业的经营绩效,但其效果在减弱。可见,适当的贷款和补贴规模可以促进企业的绩效。但是,随着贷款的增加,企业的融资成本也随之增加。此外,尽管我国政府补贴支持中国光伏企业,但这样的结果使企业在全球市场上几乎没有竞争力。例如,中国江苏省的一家企业在计入 4.5 亿元(7100 万美元)的补贴后,营业利润损失了 5.3 亿元(8550 万美元)[185]。Xiong 等[185]发现,初期政府补贴可以使经济效益最大化,而中期和成熟阶段的补贴对周转率影响较小,反而加剧了光伏过剩,是补贴退出的合适时机。

出口系数对资产收益率的影响为正向但不显著是合理的。一般而言,由于国际市场上的竞争激烈程度高于国内市场，故从事出口的公司往往表现更好。更高的产业繁荣度也能促进企业的绩效。就光伏产业而言，大多数上市公司都是光伏开发商，而不是组件制造商。因此，它们很少直接面对国际竞争，也相对较少受到反倾销和反补贴的影响。

此外，企业规模对资产收益率的影响为正且不显著。与非国有企业相比，国有企业的绩效较差。这些发现与现有的关于中国国有企业绩效不佳的研究一致[186-187]。"规模"和"国有企业"的交互项系数在 DID 模型中显著为正，而在 PSM-DID 模型中不显著，这意味着无论是国有企业还是非国有企业，规模越大的企业，绩效越好。

5.4　本章结果讨论

如今，尽管中国已经成为太阳能光伏发电的主要生产国和消费市场[188]，但我国光伏产业的发展仍然受到资金的制约。光伏项目由于投资规模大、交货期长，很难获得商业融资。光伏产业的战略地位、新兴地位、公共产品、融资挑战等特征，使得光伏产业的发展路径不同于其他市场化产业。政府、银行和光伏企业之间的战略互动，以及政策支持、信贷支持和公司经营绩效，对光伏产业的发展也起到了更为复杂的作用。

(1)本章发现银行贷款在光伏产业发展中起着至关重要的作用，这与文献表明获得贷款可以提高企业绩效的结论一致[189-191]。本章研究结果表明，光伏绿色信贷能够促进光伏产业的发展，而限贷政策则对光伏企业的经营绩效产生负面影响。贷款为主的融资模式是限贷政策对公司绩效产生显著影响的主要原因。在本书的研究中，贷款的影响可能被低估，因为只研究了获得贷款而不是扩大生产的间接影响，且增加规模经济和市场力量难以量化，这可以是以后的一个研究方向。银行贷款对光伏企业发展具有重要影响。一方面，银行贷款可以为企业提供资金支持，帮助企业实现快速发展。另一方面，银行贷款也可能给企业带来一定的风险，如果企业无法按时还款，将面临严重的财务问题。具体来说，银行贷款对光伏企业发展的影响包括以下几个方面。

①资金支持：银行贷款可以为企业提供一定的资金支持，帮助企业实现业务扩张、技术研发、市场拓展等目标。同时，如果企业面临突发事件或市场波动，银行贷款也可以为企业提供一定的资金保障。

②财务成本：银行贷款需要企业承担一定的财务成本，包括利息、手续费等。如果企业无法按时还款，将面临罚息、逾期等问题，导致财务状况恶化。

③债务风险：银行贷款会使企业承担一定的债务风险，如果企业无法按时还款，将面临债权人的追偿、诉讼等问题，可能导致企业破产或被收购。

④资金流动性：银行贷款需要企业提供一定的抵押品或担保措施，如果企业无法提供足够的抵押品或担保措施，将面临资金流动性问题。

综上所述，银行贷款对光伏企业发展具有重要影响。光伏企业在申请银行贷款时，应根据自身情况合理选择贷款类型、贷款额度和还款方式，并加强风险管理和财务规划，确保贷款资金的合理利用和还款安全。同时，银行也应加强贷款监管和风险控制，确保贷款资金的安全性和流动性。

(2)本章关于政府补贴和银行贷款之间关系的发现与文献不一致，但是是合理的。本书的理论和实证发现，政府补贴没有显著影响银行的贷款决策，这与以往研究不同，以往研究认为我国光伏产业的发展高度依赖地方政府的支持，这种支持在促进光伏产业贷款准入方面发挥了重要作用[192]。然而，由于补贴、贷款和企业绩效之间的复杂关系，出现这种差异是合理的。光伏产业作为一个新能源产业，是一个成本高、风险大的产业。由于光伏产业投资规模大、回收期长、回报的不确定性和风险较大等特点，银行对光伏产业的态度是消极的，即使企业获得了大量补贴[193]。

银行在决定是否向企业提供贷款时，通常会考虑多方面因素，包括企业的财务状况、抵押品价值、市场前景、行业走势等。政府补贴只是其中的一个因素，但并不是决定性因素。具体来说，银行在贷款决策过程中会考虑以下几个方面的影响。

①风险评估：银行会对申请贷款的企业进行风险评估，根据企业的财务状况、市场前景、行业走势等因素来判断贷款的风险水平。如果企业存在较高的风险，银行可能会要求提供更多的担保措施或者提高贷款利率。

②盈利能力：银行会考虑企业的盈利能力来判断其还款能力。如果企业的盈利能力较强，银行更愿意提供贷款支持。相反，如果企业盈利能力较弱，银行可能会谨慎考虑是否提供贷款。

③抵押品价值：银行会考虑企业提供的抵押品价值来判断贷款安全性。如果企业能够提供足值的抵押品，银行更容易提供贷款支持。相反，如果企业无法提供足值的抵押品，银行可能会要求提供更多的担保措施或者拒绝贷款申请。

综上所述，政府补贴对银行的贷款决策不一定有显著影响。银行在贷款决策过程中会综合考虑多方面因素，最终目标是确保贷款安全性和盈利性。因此，企业除了争取政府补贴外，还应加强自身财务和经营管理，提高自身还款能力和信誉度，从而增加获得银行贷款的概率。

(3)本章从上市企业的年报中收集了政府补贴的信息,但许多其他关键的支持,特别是来自地方政府的支持,可能不包含在官方的财务报告中[194],这可能是补贴对银行贷款决策和企业绩效没有显著影响的关键原因。光伏企业获得贷款的共同促进因素是政府或当地国有企业提供的贷款担保,而不是补贴[195]。地方政府对光伏产业的支持不仅限于补贴,还包括税收减免、土地优先使用权、电价优惠等多种形式[196],具体如下。

①优惠税收政策:政府可能对光伏企业给予特殊的税收优惠政策,如减免企业所得税、城市维护建设税等,这些优惠政策通常不包含在官方的财务报告中,而是在税务部门进行申报和核实。

②奖励资金:政府可能向光伏企业提供奖励资金,以支持其技术研发、生产投资、市场拓展等方面的发展。这些奖励资金可能来自科技部门、产业部门等政府机构,通常也不包含在官方的财务报告中。

③低价土地供应:政府可能为光伏企业提供低价土地供应,以降低企业的土地成本。这些土地供应可能来自国土资源部门等政府机构,通常也不包含在官方的财务报告中。

④电力购买协议:政府可能为光伏企业提供电力购买协议,以保证其发电量的销售。这些电力购买协议可能来自电力公司等政府机构,通常也不包含在官方的财务报告中。

需要注意的是,政府对光伏企业的补贴政策可能因地区、时间、政策等因素而有所不同。企业应该密切关注政府政策的调整和发布,以便及时了解和享受相关补贴政策。

(4)补贴可能会对银行的贷款决策产生一些不利影响。在补贴和支持无法对企业绩效产生积极影响的情况下,从资本安全、流动性和盈利能力等方面考虑,银行对光伏企业的贷款更加谨慎。特别是,企业越依赖地方政府的补贴,银行就会越谨慎。此外,地方政府的大力支持,使得光伏企业对风险评估的重视程度降低,容易导致过度投资。许多研究指出,"强政府"导致的过度投资和地方政府的过度干预会导致光伏产业产能过剩、无序发展、缺乏核心竞争力[194]。政府对光伏企业的补贴可能会对银行的贷款决策产生一些不利影响,具体如下。

①补贴导致企业财务状况复杂化:政府对光伏企业的补贴可能会使企业的财务状况复杂化,增加银行贷款审批的难度和不确定性。此外,如果企业在申请政府补贴时需要提供大量的财务和非财务信息,银行在贷款审批时还需要对这些信息进行评估和分析,增加了贷款审批的成本和时间。

②补贴导致企业过度依赖政府支持:政府对光伏企业的补贴可能会使企业过

度依赖政府支持，降低企业的市场竞争力和自我发展能力。如果企业在申请政府补贴时需要提供大量的时间和精力，银行在贷款审批时可能会认为企业存在较高的经营风险，从而不愿意向其提供贷款。

③补贴导致市场扭曲：政府对光伏企业的补贴可能会扭曲市场，使市场竞争失去公平性。如果银行向获得政府补贴的企业提供贷款，则未获得政府补贴的企业无法获得公平的竞争机会，银行可能会面临市场风险和政策风险。

因此，银行在贷款审批时需要综合考虑企业的财务状况、市场竞争能力和自我发展能力等因素，同时还需要关注政府补贴政策对市场公平性的影响，以做出合理的贷款决策。

(5)如果贷款和补贴数额过大，则对光伏企业绩效的作用不确定，这是因为：

①过度贷款和补贴可能导致企业过度依赖财务支持，而忽视自我积累和自我发展的能力。这可能会导致企业在未来面临更加严峻的挑战时难以应对，缺乏可持续性。

②过度贷款和补贴可能会导致企业投资决策不合理，追求短期效益，而忽视长期可持续性。这可能会导致企业的投资项目无法产生足够的收益，无法支持企业的长期发展。

③过度贷款和补贴可能会导致企业面临财务风险，如负债累累、还款能力不足等问题。这可能会影响企业的信誉和融资能力，进而影响企业的绩效和可持续发展。

以赛维电力为例，赛维电力是一家光伏企业，曾是中国光伏产业的领军企业之一。在2010年前后，赛维电力获得了大量的银行贷款和政府补贴支持，以支持其扩张计划。然而，过度贷款和补贴并没有让赛维电力实现绩效增长，反而使其面临严重的财务压力。2014年，赛维电力宣布破产重组，最终退市。

因此，银行在向光伏企业提供贷款和补贴时，需要综合考虑企业的实际情况和发展战略，避免过度支持对企业产生负面影响。同时，光伏企业也需要制定合理的财务和投资策略，确保企业的可持续发展。

(6)本章的模型还无法解释影响光伏产业发展的政府之间的复杂动态。在推动光伏产业发展的过程中，中央政府和地方政府之间的激励机制并不总是一致的。过去的研究表明，光伏企业的发展虽然受到中央政府政策的影响，但更多地依赖于地方政府的支持[194]。地方政府在执行国家产业政策时倾向于保护自身利益，这可能导致其执行会偏离中央政府的规划[197]。例如，尽管中央政府已经规定了适当的光伏装机配额，但地方政府倾向于批准过量的装机配额，以提高当地GDP、增加税收或创造就业，这可能会导致全国范围内的产能过剩[198]。

中央政府和地方政府对于光伏企业的激励机制并不总是一致的，这主要是因为中央政府和地方政府在政策制定和执行方面存在差异。中央政府的政策制定和执行是由国务院和各部委机构完成的，这些机构在制定政策时需要考虑到全国范围内的整体利益和协调问题。因此，中央政府的政策可能会更加注重整体性和宏观调控，对于某些特定地区的特殊情况可能会考虑不够充分。地方政府的政策制定和执行是由地方政府各部门完成的，这些部门在制定政策时需要考虑到本地区的实际情况和利益。因此，地方政府的政策可能会更加注重针对性和激励措施，对于某些特定企业的特殊问题可能会考虑得更加细致。

由于中央政府和地方政府在政策制定和执行方面的差异，可能会导致对于光伏企业的激励机制存在差异。中央政府可能会采取一些整体性的激励措施，如税收优惠、财政补贴等，而地方政府可能会采取一些更加具体的激励措施，如土地优惠、税收减免等。需要注意的是，中央政府和地方政府的政策制定和执行并不是完全独立的，而是相互协调和配合的。因此，在实践中，政府需要根据具体情况和企业特点，采取更加灵活和多样化的激励措施，以促进光伏产业的健康发展。

5.5　本章小结

中国光伏产业在经历了"双反"和产能过剩后，开始回暖。在各级政府的支持下，银行对光伏企业的贷款逐步放开，推出了光伏绿色信贷业务。光伏企业抓住机会融资，扩大投资，最终是希望提高自身的经济效益。然而，政府、银行和光伏企业如何在贷款过程中决策，以及获得贷款对光伏企业经营业绩会产生怎样的影响，本书之前的研究一直是不足的。

1. 结论

本章利用在沪深两市上市的所有 A 股公司的数据，实证分析了贷款政策对政府补贴和银行贷款的实际影响。具体结论如下：

(1)通过对贷款与总资产比率、补贴、现金流量、资产负债率和为资产支付的现金与总资产比率这五个变量的系数分析，可以看出，有足够的资金来保证光伏企业的顺利运营和提高业绩是必要的。

(2)限贷政策对光伏企业经营绩效产生了负面影响。本章发现，限贷政策实施期间，光伏产业的平均资产收益率下降了 0.031，而对照组同期所有公司的平均资产收益率只下降了 0.010，且差异在 1%水平上具有统计学意义。此外，当采用 PSM 方法确定控制组时，结果是一致的。

(3)如果贷款和补贴数额过大,对企业绩效没有好处。其结果是,它们促进了公司的经营业绩,但效果在递减。尽管补贴在其早期促进光伏产业的发展过程中扮演着重要的角色,但从长远来看,中国政府需要考虑退出机制补贴[185]。

(4)此外,企业规模对绩效也有积极的影响。与非国有企业相比,国有企业的绩效较差。

2. 对策

基于以上结论并结合第 4 章关于政府、银行、企业的博弈模型分析结果,本章针对政府、银行和企业这三个主体分别提出了相应的对策。

(1)政府需要减少行政干预,改善银行贷款政策环境。这一观察是基于光伏企业的贷款与政府扶持的额度无关的结果。从长期来看,政府补贴对企业绩效的影响也在逐渐减弱。但是,由于"限贷政策"对企业绩效产生了不利影响,故各级政府应引导和监督企业改善自身信用状况,增强企业竞争力,提高企业的能力进行多渠道融资。

(2)银行应完善和创新光伏贷款模式,加强风险监测和预警机制。从银行的角度来看,光伏绿色信贷还处于起步阶段[185],但机遇和创新空间非常丰富。由于国有企业的表现不如民营企业,但它们可以从政府那里获得优惠贷款,故银行需要加强对其风险监测和贷款预警。在放贷前,银行应对企业进行尽职调查,并为每家企业设定合理的信贷额度。政府可以鼓励银行向中小光伏企业提供贷款,鼓励金融创新。我国政策性银行应建立光伏投资优惠贷款制度,简化贷款申请流程,为中小光伏企业提供金融支持[199]。

(3)企业必须做出谨慎的投资决策,不应过于关注获得贷款和补贴。企业可以从赛维 LDK 和其他光伏企业的破产教训中吸取教训。同时,在任何投资决策中,光伏企业都不能盲目乐观。

第6章

绿色信贷对我国农村光伏影响的进化博弈模型分析

6.1　问题的提出

获得清洁能源和消除贫困是“联合国可持续发展目标”17 个目标中的 2 个，世界各国都在为实现 2030 年的这些共同目标而努力[200]。尽管人们对贫困和能源获取之间的相互联系达成了广泛共识，但在大规模同时解决这两个问题方面的实践经验却极其缺乏[201]。在成功发展光伏产业的基础上[202]，中国农村光伏（以下简称项目）的启动可以提供一个同时实现这两个可持续发展目标的参考模式。在该项目中，政府不是向农村家庭提供现金或其他物质支持，而是帮助每一个农村家庭安装一个 5 千瓦的太阳能光伏电站，如屋顶太阳能光伏板，并保证以固定价格回购电力[203]。光伏板的预期寿命为 20 年，农村家庭将会有一定的持续收入。政府为分布式光伏电站提供部分资金，农户也可能需要共同提供资金。然而，不同省份的政策和做法是不同的，在一些省份，农户不需要融资[162]。在一些地区，参与农村光伏建设的企业还可以为项目提供融资或共同融资，以换取电站建设指标或其他利益，如河北省参与的光伏企业每建设一个农村光伏电站，可获得 2.5 个商业光伏电站指标，同时可优先获得年度建设指标[162]。在一些地区，企业负责建设和运营农村光伏电站，所有收益也归企业，但企业也需拿出其中一部分给所属安装站点的农户们。总的说来，在农村光伏方案中，农户在获得清洁能源和减少碳排放的同时，还可以获得稳定和持续的收入。如果这个项目能够像它所宣传的那样在我国持续下去，同时由于它对政府财政能力的要求很低，而这在发展中国家往往是缺乏的，则农村光伏有望成为其他发展中国家效仿的样板。

农村光伏项目在收获大量好评与希望的同时，实践中也遇到了很多问题，主要是资金短缺、光伏机组建设质量差、运维等问题[204]。政府、企业和农户这三方主要参与者在其中都有不同的问题。政府可能没有足够的财政资源来资助所有的农村光伏项目，或者没有足够的能力去监测项目质量，从而导致光伏系统寿命短[205]。如果农户家庭对电站没有所有权，他们的收入与光伏电站的运行也不相关，那么农户就没有动力去维护光伏电站。为农村光伏电站出资的企业，可能会由于电站的运行问题而无法获得预期收益，且未获得政府承诺的商业电站指标或其他利益的情况也有可能发生[160]。就之前的农村光伏实践方案而言，不同省份存在不同的模式，尚未有固定的参与方出资比例的模式规定，也缺乏对如何将参与三方，即政府、企业、农户结合起来实施方案的讨论和理解。

一直以来，众多学者提出了农村光伏在实际落地过程中面临的最大问题就是资金问题，也给出了一些政策建议，比如众筹、PPP、政府补贴等[206-209]。但是，在微观的角度，通过分析农村光伏具体出资人的比例问题，以验证探讨关于农户的光伏绿色信贷对于农村光伏的必要性和重要性，在作者之前尚未有学者对这一课题做过研究。本书构建了政府、企业、农户三方的进化博弈模型，探讨如何平衡三方的收益，创造“三方共赢”局面。

研究中国农村光伏经验，不仅对中国有重要意义，对世界也有重要意义。迄今为止，涉及我国农村光伏的文献很少，大多都强调政策的梳理和总结[210-212]。因此，进一步研究中国的农村光伏经验，可以帮助中国完善相关政策，也可以为世界上其他同样面临可持续能源发展和减贫双重挑战的国家提供参考。

现有的一些农村光伏的论文中，学者们使用了建模的方法。Zhang 等[211]比较了三种不同的融资模型（动态博弈模型），即“政府的全额投资”“农村家庭贷款＋扶贫资金”“企业投资＋扶贫资金”，研究结果表明，“企业投资＋扶贫资金”减贫的回报和范围均高于其他两种方法。Shan 等[213]建立了一个博弈模型，包括农户、光伏企业和政府来讨论他们的行为策略，并找到当平衡点是农户时，光伏企业和政府选择“参与”的策略，并且分别采取“主动支持”和“不监督”的行动。这与本书的研究结果不同，本书发现农户“参与”、企业“主动支持”和政府“监督”的策略是平衡点，这意味着本书认为政府的监督是实现三方共赢的关键。

6.2 政府-企业-农户三方进化博弈模型假设、参数及收益矩阵

6.2.1 三方博弈模型假设

进化博弈论最早被应用于动物间的博弈行为分析[214]。已有大量的研究利用进化博弈论来解释动态网络等合作行为的进化[215-218]，以及进行行为偏好研究[219-220]。本书关于农村光伏项目的实际决策活动中的行为模式与框架的研究非常接近 Shan 等[213]的研究，各参与方需要重复博弈，最终呈现动态稳定状态。

在农村光伏项目中，影响主要参与方行为选择的因素有很多。任何一方的影响因素的任何变化都会改变策略的选择，同时也会导致另外两方的收益发生变化，而这两方又会根据收益的改变而改变自身策略。这三方的行动策略相互作用，相互影响。因此，博弈三方会不断调整自己的策略，以实现各自期望回报价值的最大化。为了理解三方复杂的策略，本节参考 Chen 等[221]和 Zhang 等[222]的模型，建立了一个进化博弈模型，以体现中国光伏产业和扶贫政策的特点。政府、企业和农户是农村光伏项目的三个参与方。

农村光伏项目的融资模式有三方出资(政府、农户、企业)、两方出资(如政府和企业、政府和农户)或单方出资(如企业)等。这也与 Shan 等[213]、Zhang 等[211]的研究一致。所以,本章只考虑这三个主要参与者并提出以下假设。

(1)每个参与者有两个选择,积极参与和消极参与。

(2)政府(模型中的政府包括各级政府)可以选择项目建设后是否进行监管。如果缺乏监管,光伏电站很有可能会出现操作或维护问题。

(3)积极参与助农的企业往往投资较多,而消极参与助农的企业往往投资较少或通过削减成本增加效益。

(4)积极参与的农户提供更多的资本和劳动力,使得他们的收入随着成本的增加而增加,而消极参与的农户则必须依赖政府的补助。

假设政府监管的概率是 x,不监管的概率是 $1-x$;企业积极参与助农的概率是 y,消极参与的概率是 $1-y$;农户积极参与的概率是 z,消极参与的概率是 $1-z$。

根据三个参与方的策略选择,共得到 8 个策略,具体的策略见表 6.1。决策树见图 6.1。

表 6.1　参与三方的 8 个策略

参与方	行为	策略							
政府	监管与否	N	N	N	N	Y	Y	Y	Y
企业	积极参与与否	N	N	Y	Y	N	N	Y	Y
农户	积极参与与否	N	Y	N	Y	N	Y	N	Y
策略		S1	S2	S3	S4	S5	S6	S7	S8

注:N 表示消极参与;Y 表示积极参与。

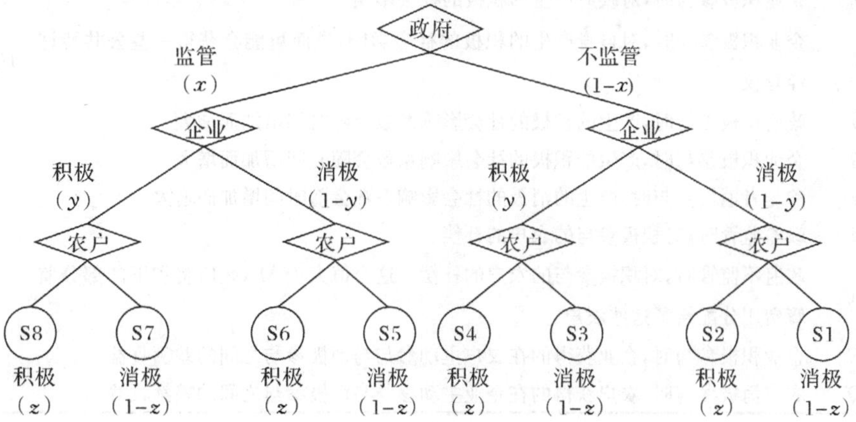

图 6.1　决策树

6.2.2 参数和收益矩阵

在此参考 Shan 等[213]、Zhang 等[208]等文献的参数设置，并通过对项目利益相关者的访谈进行参数校准。本书作者采访了 10 位政府官员（尤其驻村干部）、8 家企业的经理和若干参与农村光伏项目的家庭。参数的具体值如表 6.2 所示。根据表 6.2 的参数，分别计算出 8 种不同策略下三方的收益（见表 6.3）。然后，利用进化博弈模型分别对政府、企业和农户的决策行为进行分析。

表 6.2 主要参数及含义

参数	含义	赋值
C_{11}	当农户积极参与时，政府的监管成本	1
C_{12}	当农户消极参与时，政府的监管成本	6
C_{21}	政府监管、企业积极参与时，企业所付出的成本，如所支付的时间、生产成本等	4
C_{22}	政府不监管、企业积极参与时，企业所付出的成本，如所支付的时间、生产成本等	3
C_{31}	企业积极参与、农户积极参与时，农户支付的资金、人力等成本	3
C_{32}	企业消极参与、农户积极参与时，农户支付的资金、人力等成本	2
U_1	政府在农村光伏项目中的总体效益，包括经济效益和环境效益等	—
U_2	企业从项目中及政府补贴、税收优惠、低息贷款等方面获得的收益总额	—
U_3	积极参与的农户的收益	8
U_4	消极参与的农户的收益	4
P	企业的消极参与被发现后，政府对其的处罚额度，如直接处以一定数量的罚款，并收回针对项目的优惠资金等	5
N	消极扶贫对社会产生的负面影响	$1(\gamma N)$
G_1	企业积极参与时，对政府产生的积极的社会影响	—
G_2	企业积极参与时，对自身产生的积极的社会影响，进而可能会获得一些公共特许经营权	$1(\beta G_2)$
α	政府积极参与时，产生的积极的社会影响系数会随时间增加而增大	—
β	企业积极参与时，产生的积极的社会影响系数会随时间增加而增大	—
γ	参与者消极参与时，产生的消极的社会影响系数会随时间增加而增大	—
M_1	政府监管时，对积极参与的农户的补偿	1
M_2	政府不监管时，对积极参与的农户的补偿。这个值大于 M_1，政府将省下的部分监管费用分配给了这些农户	3
E	企业积极参与时，企业获得的在农户主动参与与消极参与之间的差额收益	2
Q	农户消极参与时，农户获得的在企业主动参与与消极参与之间的差额收益	1

注：参数的赋值在 6.4.2 节中给出了说明。所有赋值都进行了归一化处理。

表 6.3　不同策略下参与者收益

策略	政府收益	企业收益	农户收益
S8	$U_1+\alpha G_1-C_{11}-M_1$	$U_2+\beta G_2-C_{21}$	$U_3-C_{31}+M_1$
S7	$U_1+\alpha G_1-C_{12}$	$U_2+\beta G_2-C_{21}+E$	U_4+Q
S6	$U_1+P-C_{11}-\gamma N-M_1$	$U_2-P-\gamma N$	$U_3-C_{32}+M_1$
S5	$U_1+P-C_{12}-\gamma N$	$U_2-P-\gamma N$	U_4
S4	$U_1+\alpha G_1-M_2$	$U_2+\beta G_2-C_{22}$	$U_3-C_{31}+M_2$
S3	$U_1+\alpha G_1$	$U_2+\beta G_2-C_{22}+E$	U_4+Q
S2	$U_1-\gamma N-M_2$	$U_2-\gamma N$	$U_3-C_{32}+M_2$
S1	$U_1-\gamma N$	$U_2-\gamma N$	U_4

6.3　政府-企业-农户三方博弈行为决策分析

6.3.1　政府行为决策分析

政府监管时的期望收益和三方的平均期望收益分别为 π_{1x} 和 π_1，则

$$\pi_{1x}=yz(U_1+\alpha G_1-C_{11}-M_1)+y(1-z)(U_1+\alpha G_1-C_{12})+(1-y)z(U_1+P-C_{11}-\gamma N-M_1)+(1-y)(1-z)(U_1+P-C_{12}-\gamma N) \tag{6-1}$$

$$\pi_1=xyz(U_1+\alpha G_1-C_{11}-M_1)+xy(1-z)(U_1+\alpha G_1-C_{12})+x(1-y)z(U_1+P-C_{11}-\gamma N-M_1)+x(1-y)(1-z)(U_1+P-C_{12}-\gamma N)+(1-x)yz(U_1+\alpha G_1-M_2)+(1-x)y(1-z)(U_1+\alpha G_1)+(1-x)(1-y)z(U_1-\gamma N-M_2)+(1-x)(1-y)(1-z)(U_1-\gamma N) \tag{6-2}$$

政府选择监管的复制动力学方程为

$$F(x)=\frac{\mathrm{d}x}{\mathrm{d}t}=x(\pi_{1x}-\pi_1)=x(1-x)[z(C_{12}-C_{11}-M_1+M_2)-yP+P-C_{12}] \tag{6-3}$$

(1)当 $C_{12}-P=z(C_{12}-C_{11}-M_1+M_2)-yP$，$F(x)\equiv 0$，这意味着所有水平都是稳定状态。即无论政府群体选择监管和不监管的比例如何，其策略都不会随时

间发生改变。

(2)当 $C_{12}-P\neq z(C_{12}-C_{11}-M_1+M_2)-yP$，令 $F(x)=0$，得到 $x=0$ 和 $x=1$ 两个稳定点。ESS 要求$\frac{dF(x)}{dx}$为负，得

$$\frac{dF(x)}{dx}=(1-2x)[z(C_{12}-C_{11}-M_1+M_2)-yP+P-C_{12}] \quad (6-4)$$

当 $C_{12}-P<z(C_{12}-C_{11}-M_1+M_2)-yP$ 时，因为$\frac{dF(x)}{dx}\big|_{x=1}<0$，$\frac{dF(x)}{dx}\big|_{x=0}>0$，所有 $x=1$ 是平衡点；

当 $C_{12}-P>z(C_{12}-C_{11}-M_1+M_2)-yP$ 时，因为$\frac{dF(x)}{dx}\big|_{x=1}>0$，$\frac{dF(x)}{dx}\big|_{x=0}<0$，所有 $x=0$ 是平衡点。

可以看出，当 $C_{12}-P<z(C_{12}-C_{11}-M_1+M_2)-yP$，且满足条件 $0\leqslant x\leqslant 1$，$0\leqslant y\leqslant 1$，$0\leqslant z\leqslant 1$时，我们得到 $C_{12}-P<C_{12}-C_{11}-M_1+M_2-P$，此时政府选择监管策略。简化后得到 $C_{11}+M_1<M_2$。这一结果表明，政府需要考虑自身的监管成本。政府选择监管时，政府的成本为监管成本(C_{11})加上对农户的补偿(M_1)；当政府选择不监管时，政府的成本仅仅为对农户的补偿(M_2)。因此，只有在政府的监管成本小于不监管成本($C_{11}+M_1<M_2$)时，政府才会选择监管策略(x 趋向于 1)。

6.3.2 企业行为决策分析

企业积极扶贫的期望收益和三方的平均期望收益分别为 π_{2y}和 π_2，则

$$\begin{aligned}\pi_{2y}=&xz(U_2+\beta G_2-C_{21})+x(1-z)(U_2+\beta G_2-C_{21}+E)+\\&(1-x)z(U_2+\beta G_2-C_{22})+(1-x)(1-z)(U_2+\beta G_2P-C_{22}+E)\end{aligned} \quad (6-5)$$

$$\begin{aligned}\pi_2=&xyz(U_2+\beta G_2-C_{21})+xy(1-z)(U_2+\beta G_2-C_{21}+E)+\\&(1-x)yz(U_2+\beta G_2-C_{22})+(1-x)y(1-z)(U_2+\beta G_2-C_{22}+E)+\\&(1-y)xz(U_2-P-\gamma N)+x(1-y)(1-z)(U_2-P-\gamma N)+\\&(1-x)(1-y)z(U_2-\gamma N)+(1-x)(1-y)(1-z)(U_2-\gamma N)\end{aligned} \quad (6-6)$$

企业选择积极参与的复制动力学方程为

$$\begin{aligned}F(y)=\frac{dy}{dt}=y(\pi_{2y}-\pi_2)=y(1-y)[&-zE+x(C_{22}-C_{21}+P)+\\&\gamma N+\beta G_2+E-C_{22}]\end{aligned} \quad (6-7)$$

(1)当 $C_{22}-E-\beta G_2-\gamma N=-zE+x(C_{22}-C_{21}+P)$，$F(y)\equiv 0$，这意味着所有水平都是稳定状态。即无论企业群体选择积极和不积极参与的比例如何，其策略

都不会随时间发生改变。

(2)当 $C_{22}-E-\beta G_2-\gamma N\neq -zE+x(C_{22}-C_{21}+P)$，令 $F(y)=0$，得到 $y=0$ 和 $y=1$ 两个稳定点。

$$\frac{\mathrm{d}F(y)}{\mathrm{d}y}=(1-2y)[-zE+x(C_{22}-C_{21}+P)+\gamma N+\beta G_2+E-C_{22}] \tag{6-8}$$

当 $C_{22}-E-\beta G_2-\gamma N<-zE+x(C_{22}-C_{21}+P)$ 时，因为 $\frac{\mathrm{d}F(y)}{\mathrm{d}y}|_{y=1}<0, \frac{\mathrm{d}F(y)}{\mathrm{d}y}|_{y=0}>0$，此时 $y=1$ 是平衡点；

当 $C_{22}-E-\beta G_2-\gamma N>-zE+x(C_{22}-C_{21}+P)$ 时，因为 $\frac{\mathrm{d}F(y)}{\mathrm{d}y}|_{y=1}>0, \frac{\mathrm{d}F(y)}{\mathrm{d}y}|_{y=0}<0$，此时 $y=0$ 是平衡点。

可以看出，当 $C_{22}-E-\beta G_2-\gamma N<-zE+x(C_{22}-C_{21}+P)$，且在约束条件 $0\leqslant x\leqslant 1, 0\leqslant y\leqslant 1, 0\leqslant z\leqslant 1$ 下，我们得到 $C_{22}-E-\beta G_2-\gamma N<-E+C_{22}-C_{21}+P$，简化后为 $C_{21}<\beta G_2+\gamma N+P$，此时企业选择积极参与农村光伏。这说明，在没有政府监管的情况下，降低成本(C_{21})是决定企业积极参与农村光伏的关键参数。企业积极参与的间接动机是提升企业形象和扩大企业影响力(通过增加 βG_2)。为了防止企业采取消极的参与策略，政府可以加大对违规行为的惩罚力度(P)，扩大会对企业造成的负面社会影响(γN)。这些措施会促使企业趋向于采取积极的参与策略(y 趋近于 1)。

6.3.3　农户行为决策分析

农户积极参与的期望收益和三方的平均期望收益分别为 π_{3z} 和 π_3，则

$$\begin{aligned}\pi_{3z}=&\ xy(U_3-C_{31}+M_1)+x(1-y)(U_3-C_{32}+M_1)+\\&(1-x)y(U_3-C_{31}+M_2)+(1-x)(1-y)(U_3-C_{32}+M_2)\end{aligned} \tag{6-9}$$

$$\begin{aligned}\pi_3=&\ xyz(U_3-C_{31}+M_1)+x(1-y)z(U_3-C_{32}+M_1)+\\&(1-x)yz(U_3-C_{31}+M_2)+(1-x)(1-y)z(U_3-C_{32}+M_2)+\\&xy(1-z)(U_4+Q)+x(1-y)(1-z)U_4+\\&(1-x)y(1-z)(U_4+Q)+(1-x)(1-y)(1-z)U_4\end{aligned} \tag{6-10}$$

当农户积极参与时，复制动力学方程为

$$\begin{aligned}F(z)=\frac{\mathrm{d}z}{\mathrm{d}t}=z(\pi_{3z}-\pi_3)=&\ z(1-z)[y(C_{32}-C_{31}-Q)+x(M_1-M_2)+\\&U_3-U_4+M_2-C_{32}]\end{aligned} \tag{6-11}$$

(1)当 $U_4-U_3-M_2+C_{32}=y(C_{32}-C_{31}-Q)+x(M_1-M_2)$，$F(z)\equiv 0$，这意味

着所有水平都是稳定状态。即无论农户群体选择积极和消极参与的比例如何，其策略都不会随时间发生改变。

(2)当 $U_4-U_3-M_2+C_{32}\neq y(C_{32}-C_{31}-Q)+x(M_1-M_2)$，令 $F(z)=0$，得到 $z=0$，$z=1$ 两个稳定点。

$$\frac{\mathrm{d}F(z)}{\mathrm{d}z}=(1-2z)[y(C_{32}-C_{31}-Q)+x(M_1-M_2)+U_3-U_4+M_2-C_{32}] \tag{6-12}$$

当 $U_4-U_3-M_2+C_{32}<y(C_{32}-C_{31}-Q)+x(M_1-M_2)$时，因为$\frac{\mathrm{d}F(z)}{\mathrm{d}z}\big|_{z=1}<0$，$\frac{\mathrm{d}F(z)}{\mathrm{d}z}\big|_{z=0}>0$，此时 $z=1$ 是平衡点；

当 $U_4-U_3-M_2+C_{32}>y(C_{32}-C_{31}-Q)+x(M_1-M_2)$时，因为$\frac{\mathrm{d}F(z)}{\mathrm{d}z}\big|_{z=1}>0$，$\frac{\mathrm{d}F(z)}{\mathrm{d}z}\big|_{z=0}<0$，此时 $z=0$ 是平衡点。

可以看出，当 $U_4-U_3-M_2+C_{32}<y(C_{32}-C_{31}-Q)+x(M_1-M_2)$，且在约束条件 $0\leqslant x\leqslant 1$，$0\leqslant y\leqslant 1$，$0\leqslant z\leqslant 1$ 下，我们得到 $U_4-U_3-M_2+C_{32}<C_{32}-C_{31}-Q+M_1-M_2$，简化为 $U_4+C_{31}+Q<M_1+U_3$，此时农户选择积极参与策略。促进农户积极参与农村光伏项目的影响因素包括(z 趋近 1)：政府可以增加对积极参与的农户的补偿额度(M_1)，或者政府多渠道通过财政和物质资源帮助家庭降低积极参与的成本(C_{31})，或者政府可以保证农户积极参与的收益持续稳定增长(U_3)。当农户消极参与的收益($U_4=0$ 和 $C_{31}=0$)以及企业给他们的钱(Q)小于积极参与的收益时，农户也会选择积极参与(z 趋近于 1)。

6.4 参与三方均衡分析

6.4.1 均衡解

在分别讨论了博弈三方的复制动态过程之后，接下来分析整个系统的博弈均衡状态。联立三方复制动态方程，令$\frac{\mathrm{d}x}{\mathrm{d}t}=0$，$\frac{\mathrm{d}y}{\mathrm{d}t}=0$，$\frac{\mathrm{d}z}{\mathrm{d}t}=0$，得到博弈系统的 14 个均衡点(见表 6.4)。

表 6.4　14 个均衡点

均衡点	政府监管比例(x)	企业积极参与比例(y)	农户积极参与比例(z)
E_1	(0	0	0)
E_2	(0	0	1)
E_3	(0	1	0)
E_4	(0	1	1)
E_5	(1	0	0)
E_6	(1	0	1)
E_7	(1	1	0)
E_8	(1	1	1)
E_9	(0	$\frac{U_3-U_4+M_2-C_{32}}{C_{31}-C_{32}+Q}$	$\frac{\gamma N+\beta G_2+E-C_{22}}{E}$)
E_{10}	(1	$\frac{M_1+U_3-U_4-C_{32}}{C_{31}-C_{32}+Q}$	$\frac{-C_{21}+F+\gamma N+\beta G_2+E}{E}$)
E_{11}	($\frac{U_3-U_4+M_2-C_{32}}{M_2-M_1}$	0	$\frac{-P+C_{12}}{C_{12}-C_{11}-M_1+M_2}$)
E_{12}	($\frac{-C_{31}-Q+U_3-U_4+M_2}{M_2-M_1}$	1	$\frac{C_{12}}{C_{12}-C_{11}-M_1+M_2}$)
E_{13}	($\frac{\gamma N+\beta G_2+E-C_{22}}{C_{21}-C_{22}-P}$	$\frac{P-C_{12}}{P}$	0)
E_{14}	($\frac{\gamma N+\beta G_2-C_{22}}{C_{21}-C_{22}-P}$	$\frac{P-C_{11}-M_1+M_2}{P}$	1)

依据 Friedman 提出的局部稳定性分析方法[223]，得雅克比矩阵 $\boldsymbol{J}$ 如公式 6-13所示。

$$\begin{aligned}&\{(1-2x)[z(C_{12}-C_{11}-M_1+M_2)-yP+P-C_{12}],-x(1-x)P,\\&x(1-x)(C_{12}-C_{11}-M_1+M_2);y(1-y)(C_{22}-C_{21}+P),\\&(1-2y)[-zE+x(C_{22}-C_{21}+P)+\gamma N+\beta G_2+E-C_{22}],-Py(1-y);\\&z(1-z)(M_1-M_2),z(1-z)(C_{32}-C_{31}-Q),(1-2z)[y(C_{32}-C_{31}-Q)+\\&x(M_1-M_2)+U_3-U_4+M_2-C_{32}]\}\end{aligned}\tag{6-13}$$

可见，基于该博弈模型的均衡点比较复杂。下面采取相关参数赋值处理，应用数值分析方法分析各均衡点的稳定性。

6.4.2 算例分析

由于缺乏经验数据，所以本节在对参数赋值时，根据文献进行了校准[213,224]，并通过调研访谈的方法使算例赋值尽可能接近真实情况。

为了保证数值例子的合理性，2020 年 9 月，作者采访了中国宁夏回族自治区贺兰县农村光伏项目的部分参与者，包括 6 名政府官员、8 名企业管理者和 6 户农户。通过访谈，确定了政府、企业、农户三方博弈模型下的相关参数(见表 6.2 最后一列)。同时，所有值都经过了归一化处理。

另外，对参数做了一些合理的假设，具体如下：

(1)农户消极参与时的政府监管成本总是大于农户主动参与时的政府监管成本($C_{11}<C_{12}$)。例如，农村光伏电站建成运行后，如果农户积极参与，他们将积极维护和检查电站，会减少政府监管的压力。相反，当农户消极参与时，政府必须投入更多的人力和物力对发电站进行监管才能保证效益，这就增加了监管的成本。

(2)企业在政府监管下的积极投入成本大于政府不监管时的积极投入成本($C_{22}<C_{21}$)。当有政府监管时，一方面，企业为应对政府的检查需要有一定的成本；另一方面，由于企业对政府惩罚的顾虑，使得企业选择多投入一定的成本。

(3)农户选择积极参与的目的就是获得比消极参与更多的收益($U_3>U_4$)。

将表 6.2 中的各参数赋值代入表 6.4 和公式(6-13)，得到相应的特征根，各均衡点的状态可由此判定，如表 6.5 所示。其中，$E_9\sim E_{14}$ 由于不满足 $0\ll x\ll 1$，$0\ll y\ll 1$，$0\ll z\ll 1$，因此为无效均衡点，不进行特征根的计算分析。

表 6.5 各均衡点的稳定性分析

均衡点	特征根	状态
$E_1=(0,0,0)$	$(-1,1,3)$	鞍点
$E_2=(0,0,1)$	$(6,-1,-3)$	鞍点
$E_3=(0,1,0)$	$(-6,-1,1)$	鞍点
$E_4=(0,1,1)$	$(1,1,-1)$	鞍点
$E_5=(1,0,0)$	$(1,5,4)$	不稳定点
$E_6=(1,0,1)$	$(-6,3,-4)$	鞍点
$E_7=(1,1,0)$	$(6,-5,2)$	鞍点
$E_8=(1,1,1)$	$(-1,-3,-2)$	ESS
$E_9=(0,5/2,1/2)$	—	—
$E_{10}=(1,3/2,5/2)$	—	—

续表

均衡点	特征根	状态
$E_{11}=(5/2,0,1/7)$	—	—
$E_{12}=(3/2,1,6/7)$	—	—
$E_{13}=(-1/4,-1/5,0)$	—	—
$E_{14}=(1/4,6/5,1)$	—	—

由表 6.5 可知，三方博弈的稳定均衡点为(1,1,1)，即政府选择监管，企业选择积极助农，农户选择积极参加。将参数赋值分别代入公式(6－4)、公式(6－8)、公式(6－12)可得，当满足$\frac{5y+1}{7}<z\ll 1$，$\frac{4x+1}{7}<z\ll 1$条件时，该区域内的初始状态将收敛到$E_8=(1,1,1)$点。稳定点的进化区域见图 6.2。

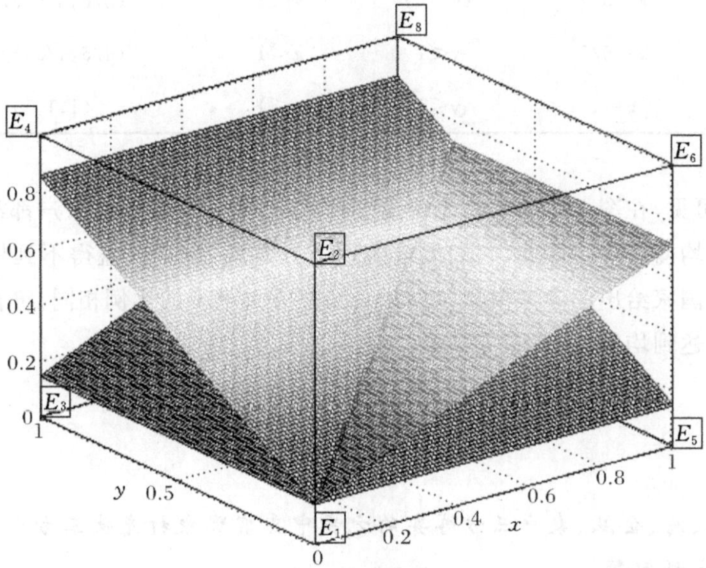

图 6.2　均衡点进化区域

由上述均衡分析可知，要得到三方的进化博弈均衡$E_8=(1,1,1)$，三方的初始状态必须在一定区域内(见图 6.2)。由初始状态需满足的条件可知，z值是关键，要达到均衡，$z>\frac{1}{7}$，意味着农户积极参与的比例必须大于$\frac{1}{7}$，才能达到三方均衡。现实中的意义是，只有农户自身参与了，才能更好地激发农户的主动性，这比单纯被动的给予式效果显著，从而达到脱贫后致富的效果[225]。

对 z 赋值，可得到 x、y 相应地要达到均衡的满足条件(见表6.6)。随着 z 的不断增大，相对应的 x、y 的取值范围也不断增大，且 x 的取值范围总要大于 y 的取值范围。这说明要达到三方共赢，首先要积极提高农户的参与力度，农户积极参与占的比例越多，政府监管参与占的比例加大，企业积极参与的比例相应增加，越容易达到均衡。

表6.6　不同 z 值情况下达到均衡点的初始条件

序号	z	y	x	达到均衡初始状态举例 (x,y,z)
1	$z=2/7$	$y<1/5$	$x<1/4$	(1/5,1/6,2/7)
2	$z=3/7$	$y<2/5$	$x<1/2$	(1/3,1/5,3/7)
3	$z=4/7$	$y<3/5$	$x<3/4$	(1/2,2/5,4/7)
4	$z=5/7$	$y<4/5$	$x<1$	(5/6,3/5,5/7)
5	$z=6/7$	$y<1$	$x<1$	(4/5,4/5,6/7)
6	$z=1$	$y\leqslant 1$	$x\leqslant 1$	(1,1,1)

由此可见，在图3.7的农村光伏出资模式中，有三个省份的农户都没有参与出资，不符合均衡条件。因此，它们很难实现三方共赢，农户收益得不到保障。相比之下，对于国家给出的参考模型(1∶1∶1)，三方贡献率的比例相同，符合表6.6的情况，可以达到均衡，实现三方共赢。

6.5　本章结果分析

1. 在政府、企业、农户三方博弈的方案中要实现农村光伏三方共赢，出资是决定性问题

(1)政府在农村光伏项目中扮演着重要的角色，一方面，通过政策引导和扶持，推动光伏产业的发展；另一方面，政府也需要出资支持农村光伏项目。具体来说，政府的出资主要包括建设光伏电站的资本金、扶贫资金、专项资金等。政府资金的支持可以降低光伏企业的融资成本，提高项目的可行性和可持续性。

(2)光伏企业在农村光伏项目中扮演着重要的角色，一方面，通过建设光伏电站，为农户提供电力供应；另一方面，光伏企业也需要出资支持农村光伏项目。具体来说，光伏企业的出资主要包括以下几个方面。

①建设成本：光伏企业在建设光伏电站时，需要投入一定的资金，包括设备采购、土地租赁、人力成本等。光伏企业需要根据项目的规模和特点，合理规划资金投入，降低成本，提高效益。

②质量保障：光伏企业在建设光伏电站时，需要保证建设质量和运营效率，确保电站能够稳定运行，电力能够稳定供应。光伏企业需要加强对建设过程的质量控制和管理，提高建设质量和效率。

③市场营销：光伏企业在推广光伏电站时，需要进行市场营销，提高公众对光伏电站的认知度和认可度。光伏企业可以通过广告宣传、举办活动等方式进行市场营销。

(3)农户在农村光伏项目中扮演着重要的角色，一方面，通过获得电力供应，改善生活条件；另一方面，农户也需要出资支持农村光伏项目。具体来说，农户的出资主要包括以下几个方面。

①支付电价：农户需要按照当地政策规定的电价支付电费，以确保光伏电站能够得到充分的收益。电价的制定需要考虑到农户的实际情况和承受能力，确保农户能够获得实实在在的收益。

②参与管理：农户可以参与光伏电站的管理和监督，确保电站的运营管理和电费收缴的公正和透明。同时，农户可以通过成立用户协会等方式参与管理。

2. 政府在农村光伏项目中扮演着重要的角色，既要引导和激励企业和农户参与项目，又要监管项目顺利实施

具体来说，政府的激励和监管措施主要包括以下几个方面。

(1)激励企业和农户参与农村光伏项目。

①政策扶持：政府可以通过出台一系列政策措施，如财政补贴、税收优惠、土地优惠等，激励企业和农户参与农村光伏项目。这些政策措施可以降低企业的运营成本，提高企业的积极性和盈利能力。

②金融支持：政府可以为光伏企业提供贷款支持、融资担保等金融支持，帮助企业解决融资问题，提高企业的投资热情和信心。

(2)监管项目顺利实施。

①制定规章制度：政府可以制定相关的规章制度，规范农村光伏项目的建设和运营管理，确保项目的顺利实施。

②监督运营管理：政府可以监督农村光伏项目的运营管理，确保项目能够稳定运行，电力能够稳定供应。政府可以加强对项目运营企业的监管和考核，提高企业的运营质量和效率。

③解决纠纷：政府需要解决农村光伏项目中的纠纷和问题，确保项目能够顺利

实施。例如，在项目建设中，政府需要处理好土地纠纷、环境问题等，确保项目的合法性和可持续性。

综上所述，政府的激励和监管措施可以促进农村光伏项目的顺利实施，提高企业的参与度和农户的积极性，实现农户致富的目标。

3. 农户在农村光伏项目初始启动时应投入一部分资金，主要可以依靠光伏绿色信贷的支持

(1)农户出资参与农村光伏的意义。

①增加项目效益：农户自己出资可以增加农村光伏项目的投资规模，扩大项目的影响力和效益。

②提高农户的参与度：农户自己出资可以增加他们在项目中的参与度和归属感，提高他们的投资意识和责任心。

③促进能力建设：通过参与农村光伏项目，农户可以获得新的技能和知识，提高自身的市场竞争力，为未来的发展打下基础。

④促进社会稳定：通过参与农村光伏项目，农户可以增加收入，提高生活水平，有利于减少社会矛盾，促进社会稳定。

总之，农户自己出部分资金参与农村光伏项目能够增加项目的效益，提高他们的参与度和责任心，促进社会稳定；同时也能降低政府的财政压力，提高项目的效率和盈利能力。

(2)农户可以通过光伏贷获得资金支持，减少自身的投资成本，提高投资回报率。实际中的相关案例如下。

某省某县的农村光伏项目：该项目的目标是建设100千瓦的光伏电站，帮助当地50户农户脱贫致富。政府为农户提供光伏贷支持，每户可获得2万元的资金支持，用于支付光伏发电系统的建设和运营费用。该项目运行3年后，农户平均每年可获得1万元的收入，投资回报率达到6%。

另外一个某省某县的农村光伏项目：该项目的目标是建设50千瓦的光伏电站，帮助当地30户农户脱贫致富。政府为农户提供光伏贷支持，每户可获得1万元的资金支持，用于支付光伏发电系统的建设和运营费用。该项目运行2年后，农户平均每年可获得0.5万元的收入，投资回报率达到4%。

总之，农户通过光伏贷参与农村光伏项目不仅有助于推进绿色能源的发展，还能提高他们的收入，增强市场竞争力，促进社会稳定。同时也能降低政府的财政压力，提高项目的效率和盈利能力。

6.6 本章小结

本章运用进化博弈论方法，研究探讨政府、企业、农户三方博弈的方案，以及如何实现农村光伏项目的三方共赢。本章的研究结论如下：政府能够为农村光伏项目设计可行的行为路线，通过三方均衡点划分区域，预测不同区域三方的利益均衡点。通过对农村光伏项目中三大主体的进化博弈模型的均衡策略分析发现，政府作为农村光伏项目的主要引导力量，必然会采取激励企业和农户，监管项目顺利实施的措施。政府监管，企业积极参与项目建设、运营和维护，农户积极参与是实现稳定均衡状态的必要条件。由本书的进化博弈算例发现，农户在农村光伏项目初始启动时应投入一部分资金，农村光伏项目的成功取决于农户在项目中应有小部分的出资，这样更会激发农户的主人翁动力。但是，很多农户刚刚脱贫，或者原始资本和收入本来就不足，要他们出资是一个很大的难题。

农户的出资来源要依靠光伏绿色信贷的支持。所以，从进化博弈模型中可以看出，绿色信贷帮助农户出资以参与农村光伏，对于农村光伏项目能够达到三方共赢的局面至关重要。但是现实案例中，仍有一些地方的农村光伏项目，农户是完全没有参与出资的，全部依靠企业来完成，这样便会出现一些问题，甚至导致农村光伏项目的搁浅，最终损害到政府、企业、农户的利益，尤其是农户，无法实现致富和乡村振兴的目的。本书将在下一章对这种现实案例进行分析，并给出依靠绿色信贷解决的建议。

第 7 章

绿色信贷对我国农村光伏成功实施的影响：基于实际案例的GMCR分析

7.1　问题的提出

1. 农村光伏项目融资冲突案例

农村光伏项目可能因为融资问题而发生冲突的案例很多,如:

(1)某乡政府计划建设 100 千瓦的光伏电站,帮助当地农户减贫致富。然而,由于资金不足,该项目一直无法启动。后来,乡政府向银行申请贷款,但由于贷款额度有限,银行无法提供足够的资金支持。这导致该项目陷入僵局,农户的减贫致富计划也被推迟。

(2)某光伏企业在农村地区建设了 150 千瓦的光伏电站,并与当地政府签订了帮扶农户协议。然而,由于该企业的资金链出现问题,无法按时向银行偿还贷款,这导致银行对该企业的信用评级下降,企业难以获得新的贷款。这使得该企业的农村光伏项目陷入僵局,农户的帮扶计划也受到了影响。

(3)某银行计划为一家光伏企业提供贷款,帮助该企业建设 200 千瓦的光伏电站。然而,该银行的贷款额度有限,无法提供足够的资金支持。此外,该银行还要求企业提供抵押品,但光伏企业难以提供足够的抵押品。这导致该项目陷入僵局,政府的助农计划也受到了影响。

2. 农村光伏项目的融资冲突原因

农村光伏项目的融资冲突原因主要包括以下几个方面。

(1)政府支持不足:政府对农村光伏项目的支持力度不够,导致项目难以获得足够的资金支持。

(2)银行贷款难:银行对农村光伏项目的贷款额度有限,并且对光伏企业的信用评级较低,导致农村光伏项目难以获得足够的资金支持。

(3)企业融资渠道单一:光伏企业的融资渠道较为单一,难以获得足够的资金支持。

(4)农户投资能力较弱:农户自身的投资能力较弱,难以承担过高的投资风险。

(5)政策不匹配:政府出台的政策与农村光伏项目的实际需求不匹配,导致项目难以获得足够的资金支持。

综上,农村光伏项目的融资冲突根源主要是政府支持不足、银行贷款难、企业融资渠道单一、农户投资能力较弱以及政策不匹配等。为了解决这些问题,需要政府、银行和企业之间加强合作和沟通,共同解决问题,确保项目的顺利进行,帮助农户减贫致富。

本书第6章讨论了农村光伏项目启动时各方的博弈决策问题，并且目前关于农村光伏研究的文献大都集中在讨论农村光伏项目展开的初始阶段，尚未有人研究过农村光伏项目实际运行中的冲突解决问题。本书通过实证，讨论如何实现农村光伏项目的政府、企业、农户“三赢”的局面。下面以贺兰县的实践为例[160]，讨论已经建成的项目发生冲突时三方的决策问题。本章通过宁夏贺兰县实际案例，运用GMCR模型对已启动的农村光伏项目中冲突三方的策略进行探讨，并探讨三方收益如何平衡。

7.2 贺兰县农村光伏冲突情况

2015年，宁夏6个区县被确定为农村光伏试点地区，贺兰县就是其中之一。截至2017年9月，贺兰县5兆瓦屋顶分布式光伏项目全部并网，惠及1500户，年分红每户300元[226]。但是，该收入仅为国家确定的“农村光伏”目标收入的10%。其原因出在宁夏农村光伏模式的出资方式上。根据宁夏的农村光伏模式，企业全额出资建设农村光伏电站，企业每年给予农户3000元。作为回报，政府承诺给企业3000多亩土地用于光伏农业项目[160]。然而，光伏电站建成后，企业并没有得到土地。因此，企业每月只给农户300元作为保留屋顶的费用。政府没有履行对企业的承诺，同时鼓励农户出资购买光伏电站。但是，农户缺乏购买的资金，便导致了上述局面。贺兰县的农村光伏经验表明，企业和农户的利益都被忽视了。这种做法不仅会损害企业和农户的收益，也会损害政府的信誉和阻碍当地经济的发展。针对这种局面，主要相关利益者的态度如下：

贺兰县政府：政府也缺钱。政府的扶贫款项有限，主要分配在保障民生、建设基础设施方面等。同时，即使有资金，当地发改局也不认可用政府资金投资农村光伏电站这种项目。政府的顾虑在于，投资很多，回收期很长，政府投资后，管理、经营、维护等一系列问题无法解决。其主要原因还是该县自身缺资金缺资源。

企业：单纯依靠企业投资农村光伏电站，企业力不从心。

农户：政府鼓励农户出资购买，但是农户大多不同意。因为对于农户来说，当时他们还挣扎在基本生活水平线下，根本不可能拿出钱来。

银行：同意贷款，但是必须有抵押担保等，这对于缺乏资产的农村、农户来说，又是无法解决的难题。同时，当地银行不认同光伏电站作为抵押担保的条件。

根据本书第6.3节中参与三方的均衡分析，现在我们可以很好地理解为什么宁夏农村光伏模式受阻而没有达到预期效果，这是因为农户在农村光伏项目启动时，没有参与出资投入。

7.3　贺兰县农村光伏冲突中政府、企业、农户的 GMCR 模型

GMCR，即冲突分析图模型理论，是由 Hipel、Kilgour 等教授们提出的可以用较少的数据建模[227-228]，以此来研究探讨解决实际社会生活中出现的冲突问题的方法[229]。GMCR 模型收集冲突事件中的每个决策者的偏好信息，以此作为更精准、更详细地理解当事决策者的决策依据[230]。GMCR 模型综合考虑了发生冲突的决策者们之间可能发生的竞争和对抗情形，目的在于给出决策者们都能接受的，兼顾各方利益的行动策略，以解决冲突。

GMCR 模型主要包括三个要素，即决策者、可能采取的策略、决策者的偏好信息。其中，决策者是事件发生的主体，可以是国家、政府、企业或者个人等，条件是可独立做出决策。冲突发生时，参与者应有两个及以上，且冲突事件明确，各方利益诉求不同。策略集合包括了所有决策者在冲突事件中选择做或不做的所有行动策略。基本行动策略是每个决策者的选择方案。本书贺兰县的农村光伏冲突就是一个典型的冲突分析，决策者包括政府、企业、农户，可以运用 GMCR 模型进行冲突的分析和解决。

7.3.1　决策者及其策略

每个农户(HOU)的主要目的是增加自己的收入，减贫致富。农户的两个策略如下：

H1　申诉：向政府申诉解决该项目收益过低的问题；

H2　购买：自筹资金购买光伏电站，预计回收期为 5 年左右。回收期后将产生净利润。

政府(GOV)的主要目的是防止冲突进一步恶化，保持稳定和解决冲突。政府的三个策略如下：

G1　协调解决问题：履行对企业的承诺；

G2　申诉：向上级政府申请专项资金，解决农户的收益问题；

G3　拖延：拖延企业提出的问题和农户的收入问题。

企业(ENT)的主要目的是最大化利润，降低损失。企业的两个策略如下：

E1　申诉：向政府申诉，保障自己应得的利益；

E2　退出：退出农村光伏项目，撤出投资。

7.3.2 可行状态及转换

根据上述分析，在逻辑上，三个决策者共有七种策略，两种状态。但是在做决定的时候，每个决策者每次只做一个决定，例如，农户在申诉的时候不会选择购买。同时，去掉不可行状态，留下12种可能的状态(见表7.1)。

表7.1 冲突事件的可行状态

决策者		选择	S1	S2	S3	S4	S5	S6	S7	S8	S9	S10	S11	S12
农户	H1	申诉	N	N	N	N	N	N	Y	Y	Y	Y	Y	Y
	H2	购买	Y	Y	Y	Y	Y	Y	N	N	N	N	N	N
政府	G1	协调解决	N	N	N	N	Y	Y	N	N	N	N	Y	Y
	G2	申诉	N	N	Y	Y	N	N	N	N	Y	Y	N	N
	G3	拖延	Y	Y	N	N	N	N	Y	Y	N	N	N	N
企业	E1	申诉	N	Y	N	Y	N	Y	N	Y	N	Y	N	Y
	E2	退出	Y	N	Y	N	Y	N	Y	N	Y	N	Y	N

根据可行状态(见表7.1)，可以绘制三方的状态转换图(见图7.1、图7.2、图7.3)。状态转换是指在其他决策者的策略不变的情况下，决策者是否能够从一种状态迁移到另一种状态。在图7.1至图7.3中，箭头表示它可以从一种状态转移到另一种状态。双箭头表示这两个状态是可逆的，可以相互移动。例如，在图7.1中，它表示农户的状态S1可以转移到S7，反之亦然。

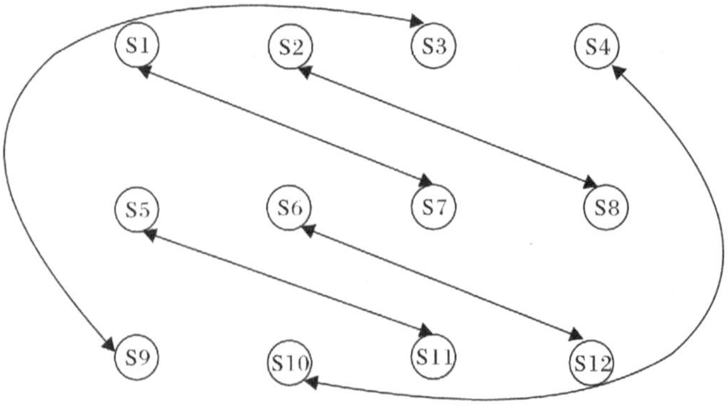

图7.1 农户状态转换图

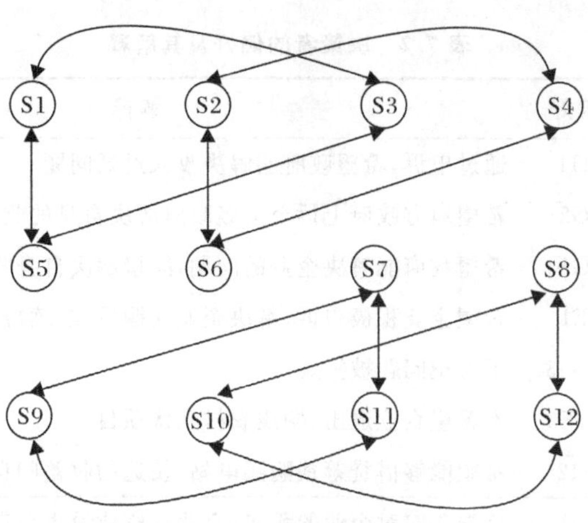

图 7.2　政府状态转换图

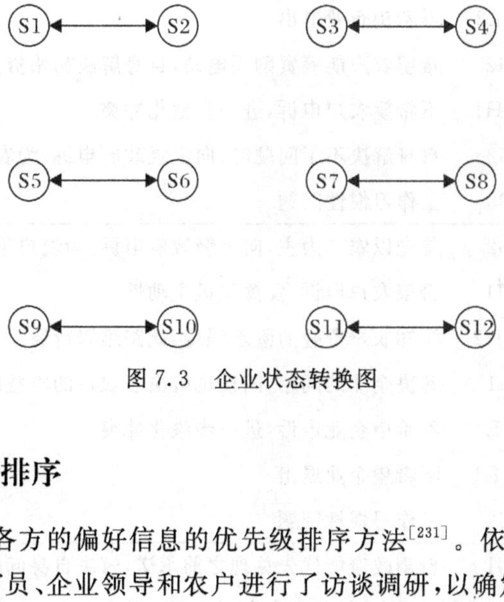

图 7.3　企业状态转换图

7.3.3　偏好排序

本书采用依据各方的偏好信息的优先级排序方法[231]。依据冲突发生的实际背景,作者对政府官员、企业领导和农户进行了访谈调研,以确定三方各自的偏好,如表 7.2 所示。需要注意的是,政府的偏好有两种,即经济偏好和民生偏好。利用优先级排序方法,得到以下状态的优先级序列。

(1)农户:S10>S9>S12>S11>S8>S7>S4>S3>S6>S5>S2>S1。

(2)政府:

①经济偏好:S6>S12>S5>S11>S4>S2>S10>S8>S3>S1>S9>S7。

②民生偏好:S9>S10>S3>S4>S11>S12>S7>S8>S5>S6>S1>S2。

(3)企业:S6>S12>S5>S11>S4>S10>S2>S8>S3>S9>S1>S7。

表 7.2 决策者的偏好及其解释

决策者	偏好	解释
农户	H1	通过申诉，希望政府能解决收入过低问题
	G2	希望地方政府上诉至上级政府解决自身的收入问题
	G1	希望政府能解决企业的问题，间接解决自身收入问题
	E1	希望企业积极申诉，解决企业问题后，继续帮扶自己
	—G3	不希望问题被拖延
	—E2	不希望企业退出，搁浅农村光伏项目
	H2	希望能够借贷筹钱购买电站，长远的收益归自己
政府（经济偏好）	G1	首先落实对企业的承诺，企业投资建设也会带动当地的经济发展
	E1	希望企业自身能积极申诉，发挥企业主动性
	—E2	不希望企业退出
	H2	希望农户能筹资购买电站，自身解决初始资金和长远的收益问题
	—H1	不希望农户申诉，进一步激化冲突
	G2	自身解决不了问题时，向上级政府申诉，为农户争取利益
	G3	工作习惯性问题
政府（民生偏好）	G2	首先以农户为主，向上级政府申诉，为农户争取利益
	H1	希望农户申诉，发挥积极主动性
	—H2	深知农户资金的匮乏程度，此路难以行通
	G1	解决企业的问题，间接也解决了农户的收益问题
	—E1	不希望企业申诉，进一步激化冲突
	—E2	不希望企业退出
	G3	工作习惯性问题
企业	G1	希望政府能优先兑现之前承诺，解决自身问题
	E1	积极申诉，争取自身利益
	G2	希望政府解决农户的收入问题，自身按目前状况收取电站大部分收益
	—G3	不希望被拖延
	H2	希望农户能筹资购买电站，收回企业之前的电站投资
	H1	希望农户积极申诉
	E2	当项目消耗企业过多资本投入，产生过多负债时，企业退出

注：优先顺序越高，对当事人越有价值。负值意味着决策者不希望它发生。

7.3.4　冲突的稳定性分析

根据冲突分析方法,均衡结果定义为四种基本稳定性[232],即 nash stability (Nash)、general metarationality (GMR)、symmetric metarationality (SMR)、sequential stability(SEQ)(见表 7.3 和表 7.4)。均衡解在各方 E 列下用“*”表示。当所有四种稳定都达到时,就认为处于平衡状态。

由此可知,不同政府偏好下的均衡结果是不同的。政府在经济偏好下的均衡策略为 S12(定义见表 7.1,结果见表 7.3),民生偏好下的均衡策略为 S10(定义见表 7.1,结果见表 7.4)。不同的是,在 S12 中,政府更倾向于为企业(G1 和 −G2)争取利益,在 S10 中,政府更倾向于为农户(−G1 和 G2)争取利益。即偏好经济发展的政府,优先解决企业问题;偏好民生的政府,优先解决农户问题。

在两种政府偏好下,农户的最佳决策都是不回购(S10 和 S12 的最优策略都是 −H2)。这是符合现实的,因为对于农户来说,基本生活水平没有得到保障,他们不可能筹集到 2 万元以上的资金去购买光伏电站。

表 7.3　政府为经济偏好时的稳定性分析结果

状态	Nash				GMR				SMR				SEQ			
	农户	政府	企业	E	农户	政府	企业	E	农户	政府	企业	E	农户	政府	企业	E
S1																
S2			1				1				1				1	
S3																
S4			1				1				1				1	
S5		1				1	1			1	1			1		
S6		1	1			1	1			1	1			1	1	
S7	1				1				1				1			
S8	1		1		1		1		1		1		1		1	
S9	1				1				1				1			
S10	1		1		1		1		1		1		1		1	
S11	1	1			1	1	1	*	1	1	1	*	1	1		
S12	1	1	1	*	1	1	1	*	1	1	1	*	1	1	1	*

注:“1”表示对应决策者的最优策略。

表 7.4 政府为民生偏好时的稳定性分析结果

状态	Nash				GMR				SMR				SEQ			
	农户	政府	企业	E	农户	政府	企业	E	农户	政府	企业	E	农户	政府	企业	E
S1																
S2			1				1				1				1	
S3		1				1				1				1		
S4		1	1			1	1			1	1			1	1	
S5							1				1				1	
S6			1				1				1				1	
S7	1				1				1				1			
S8	1		1		1		1		1		1		1		1	
S9	1	1			1	1			1	1			1	1		
S10	1	1	1	*	1	1	1	*	1	1	1	*	1	1	1	*
S11	1				1		1		1		1		1		1	
S12	1		1		1		1		1		1		1		1	

注："1"表示对应决策者的最优策略。

企业的最优决策是申诉而不退出(S10 和 S12 中最优策略为 E1 和－E2)。最近的一项研究发现，公众申诉在促进绿色投资方面是有效的[233]，这表明申诉在中国是有效的。同时，想要在新能源等领域发展的企业，不能简单退出项目。在损害自身利益的情况下，积极与政府沟通解决问题，确保项目顺利实施是企业的最佳选择。

在贺兰县案例中，由于当地政府的财政收入有限，对农户直接进行补偿是不可行的。因此，对于政府来说，解决这种冲突的现实可行的办法是先解决企业的问题，然后再按照原计划让企业对农户的收入负责。综上所述，在可行性上，S12 是贺兰县案例的最终均衡解。

根据上述分析结果，冲突产生的原因及解决过程如图 7.4 所示。可以看出，本次冲突是政府未能履行其对企业的承诺造成的，解决冲突的关键是履行政府对企业的承诺。这是基于本案例冲突发生之初的情况做出的均衡解决办法。更深层的原因和解决这一冲突的方法，本章后续将进行探讨。

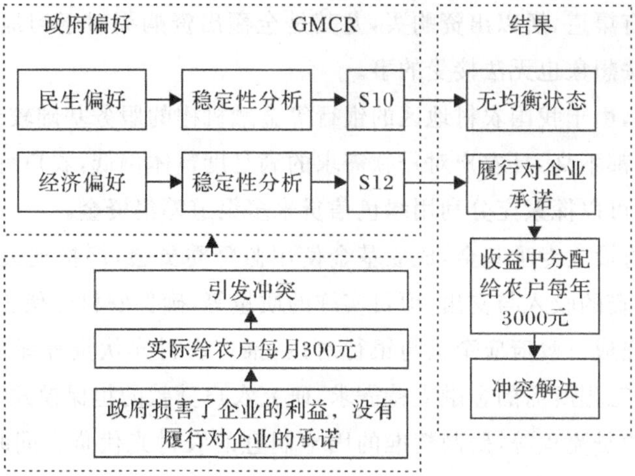

图 7.4　以贺兰县为例的三方冲突的动态互动图

7.4　绿色信贷解决农村光伏融资冲突的探讨

农村光伏是中国太阳能产业发展与农村产业相结合的创新举措。其目标瞄准的是具有光伏建设条件的农村地区的农户。农村光伏项目在我国已经取得了显著成绩,但仍存在一些问题,比如对于不同地方的农村光伏项目,初始筹集资金困难,建成运行后电站的日常维护困难,政府对项目整体生命周期各阶段的监督和问责不足等。由本书前述的进化博弈和冲突分析可知,这些问题的根源与难点是农村光伏项目中政府、企业和农户之间的筹资问题。

通过对冲突事件的 GMCR 模型建立及其均衡稳定策略的分析,可以看出政府是解决冲突的关键。冲突的表面原因是政府没有履行对企业的承诺。从之前的分析来看,根本原因是在项目建设之初是由企业 100%投资建设的。因此,为了防止这种冲突的发生,又回到了三方进化博弈的问题上,即农户和政府也应该承担部分初始资金的投入。

综上所述,政府和农户的财政投入在农村光伏项目初始启动时都是必要的,但他们往往缺乏财政资源。融资渠道难也是全球农村光伏项目面临的挑战。因此,农村光伏需要开拓创新筹资渠道,使得农户和农村地区可以筹集到所需资金。宁夏贺兰县的农村光伏冲突发生后,政府鼓励农户筹资回购光伏电站。但是,政府又不给农户做担保,银行也没有积极解决光伏绿色信贷问题。同时农户由于缺乏光伏绿色信贷知识,对贷款回购电站的风险与收益也缺乏足够的了解,一没有担保的条件，二没有渠道，所以出资购买，尤其是全额出资购买对于当地农村光伏的农户来说，是无法想象也无法接受的事。

目前来看，由于我国农村地区的银行等金融机构的服务基础较差，风险防控能力和服务水平都不高，且农户对贷款需求的满足度整体偏低，农户可获得的贷款资源匮乏，为此，可以探索充分利用绿色信贷来多渠道筹集资金。

首先，政府设立专项基金，成立基金使用监督委员会，严格把关农村光伏工程的相应规模投资的收入与支出、项目实施的质量等，确保农村光伏工程能够资金充足、保质保量完成。政府应牵头与银行对接，推广农村光伏贷等绿色金融，编制本地区农村光伏工程所需的金融支持需求，研究农户贷款的担保模式、可申请的信贷额度、具体的信贷流程等，研制精准的因地制宜的农村光伏贷。同时，政府还可以通过发行债券等绿色金融方式，筹集资金。比如，浦发银行为晋能集团有限公司注册发行全国首单农村光伏专项债券 5 亿元[234]，其中，债券募集的 2 亿元用于吕梁市方山县农村光伏项目，由晋能集团建设 35 兆瓦光伏地面集中式电站，方山县农户按户获得部分收益。

其次，加强农村地区绿色金融政策的宣传：农户尤其刚脱贫农户思维固化，对于农村产业政策和绿色信贷政策不熟悉、不相信。农村光伏项目的农户的积极参与度都普遍不高，其一般都认为自己缺乏资金，又没有可抵押的资产无法贷款，所以无法参与到农村光伏这些产业项目中去。因此，应首先对村干部等具有公信力的人积极普及宣传农村光伏贷等绿色金融知识，带领干部们走出去，到其他实施农村光伏项目良好，农户已确实收益的地方去学习考察，之后给本地的村民农户宣传他们已看到的项目落地后获得的收益。农村的银行等金融机构要配合村干部，积极普及农村光伏贷等绿色信贷，深入到村里去，积极探访农户的贷款资金需求，给出合适他们的贷款方式建议，并为愿意加入者办理相关手续。同时，充分利用网络大数据，研究农户的贷款行为偏好和规律，量身定制针对农户的信用风险评估体系，以此为基础开展信贷业务，确保农村农户贷款能落到实处。

最后，关于降低农村光伏贷的风险方面，也有经验可循。光伏与农业、互联网等领域结合，产生了新的商业模式，且农村光伏工程可以展开多元化生产经营模式，增加农户收入，降低农村光伏贷的回收风险；同时，政府可与电网协商，提高光伏的电网接纳力，增加农村光伏的电量规模，且在同样的时间内，提高农村光伏电站的收益，也有利于降低农村光伏贷的回收风险，促使项目成本回收期缩短。

下面是绿色信贷解决农村光伏融资冲突的成功案例。

(1)某银行为某光伏企业提供绿色信贷支持,帮助该企业建设 100 千瓦的光伏电站,为当地农户提供就业机会和助农资金。通过绿色信贷,该企业获得了低息贷款,银行也实现了社会责任和环境可持续性的双赢。

(2)某银行为某新能源公司提供绿色信贷支持,帮助该公司在农村地区建设 200 千瓦的光伏电站。该银行将贷款利率降低了 20%,为该农村地区提供了可持续的能源供应和就业机会。

(3)某银行为一家光伏企业提供绿色信贷支持,帮助该企业在农村地区建设 150 千瓦的光伏电站。该银行在贷款过程中,与该公司签订了社会责任承诺书,要求公司优先录用当地农户,并提供一定的公益捐赠,为当地社会和环境做出贡献。

总之,绿色信贷是一种有效的手段,可以帮助光伏企业获得融资,并实现社会责任和环境可持续性的双赢。同时,银行也可以通过这种方式拓展市场,实现经济和社会效益的双赢。

7.5　本章小结

本章运用 GMCR 模型,研究探讨在农村光伏发生冲突时,政府、企业、农户的解决方案,为农村光伏项目如何通过绿色信贷实现可持续发展提供政策建议。本章的研究结论如下:企业的最佳策略是向政府申诉,通过谈判解决冲突;在贺兰县实际情况下,鉴于财政能力有限,政府解决冲突的可行策略是解决与企业的第一次冲突,然后让项目按计划进行,这样农户间接的利益问题也会解决;对于政府及农户资金匮乏的问题,绿色金融可以解决这一难题。

根据本章及上一章的研究,可以对农村光伏项目提出以下政策建议:①政府在制定策略时,应考虑影响其他参与者收益的主要因素,通过控制这些因素的变化,引导其他参与者选择政府所期望的策略。政府可以根据企业和农户不同的成本和收益功能设置参数,指导各方的选择路径。此外,政府可以制定有利于平衡各方长远利益的政策法律,为当地经济的可持续发展奠定坚实的基础。②政府需要建立一个授权机构来保障企业的权利和监督企业的责任,防止企业使用劣质产品和退出项目。政府应该随机检查项目的进度。为了防止企业作弊,政府需要对违规行为设置适当的罚款数额。同时,政府应向社会公布项目情况,进行评估和通报结果。相关文献研究表明,在这种公开披露的方案下,企业更有可能遵守合同以避免声誉受损[235]。政府应响应企业诉求,特别是履行对企业的承诺,使得项目得以继续按计划实施。③通过股权投资，让农户对农村光伏项目有归属感，同时，农户必须为项目投资贡献最低数额，这可以避免农户对项目运作的忽视。④加快绿色信贷在农村市场的建设，创新适合农村光伏的绿色信贷产品，以满足偏远地区农户的需要，助力农村光伏破解融资难题。

第 8 章

绿色信贷如何促进光伏产业发展的政策建议

8.1　问题的提出

我国绿色经济的转型升级扩大了对绿色金融的需求[26]，绿色经济已成为后危机时代全球产业格局重组的关键。发达国家大力推行清洁能源，发展绿色产业，希冀在新的全球绿色经济竞争中保持一贯的优先地位。中国在这场绿色经济角逐发展中，面对的国内环境是内需市场庞大，社会资本充足，光伏等清洁能源研发到应用时间缩短，成本不断降低，政府强有力支持绿色产业发展，这些是我国发展绿色经济的优势。提高绿色信贷服务的质量和水平，是金融部门改革发展的重要一环。绿色信贷的根本目的是通过金融的方式解决环境问题，通过资本配置对污染企业强化约束功能，实现去库存、去产能，培育发展绿色产业新的方向，最终形成环境与经济双赢的局面。本章下面就绿色信贷如何促进我国光伏产业的发展给出政策建议。

8.2　绿色信贷政策方面的建议

8.2.1　明确绿色信贷基本内涵

绿色信贷的基本内涵包括以下几点：

(1)绿色信贷要遵循公平、公正、公开的原则，基于人类生存与自然环境的协调发展，旨在解决当前面临的环境污染和生态破坏等问题，促进经济社会的可持续发展。绿色信贷强调可持续性，环境保护，涉及很多相关理论，属于多学科交叉领域，但是它仍是金融领域的实践，是传统金融的延伸和深化。“绿水青山就是金山银山”是绿色信贷的基本发展观、价值观。绿色信贷的核心目标是实现我国经济社会全面的绿色发展。

(2)绿色信贷强调对环保和可持续发展的支持，要求金融机构在贷款和金融服务中优先支持环保和可持续发展项目，如清洁能源、绿色建筑、资源回收等。绿色信贷的本质是使用金融手段促使金融资本逐渐自主流向有利于环境改善和气候变化的项目、技术等市场，是金融业自身可持续发展的方向，也是实现人类环境和社会的可持续发展的路径。

(3)绿色信贷要求金融机构对环保和可持续发展的项目提供优惠贷款，以降低其融资成本，促进环保和可持续发展。

(4)绿色信贷要求金融机构对不符合环保和可持续发展的项目进行限制或禁

止融资，以遏制环境污染和生态破坏。绿色信贷通过对金融市场的激励和约束活动，压制高污染高耗能项目，鼓励支持绿色项目，实现环境负外部性内部化的转化。

(5)绿色信贷要求金融机构对环保和可持续发展项目提供相关信息和咨询服务，以帮助企业更好地了解环保政策和发展趋势，从而更好地开展环保和可持续发展工作。

本书结合实践情况，从统一绿色信贷标准，精准识别绿色信贷，健全完善绿色信贷不同功能的角度给出了建议，目的也都是通过倡导、鼓励越来越多的社会资本进入绿色产业，与此同时对污染类投资进行有效抑制。

8.2.2 统一绿色信贷标准

绿色信贷的标准统一，可以确保资金的正向流向，专款专用，有效避免企业将绿色信贷申请到的资金转投向其他非绿项目上。统一的标准也是绿色信贷政策有效执行的依据和基础。制定统一标准时，应在现有的不同政策标准的基础上，进行整合统一，消除存在的分歧，避免重复交叉，确保精准性、可执行性和通用性。同时，应根据我国绿色经济发展规划的整体愿景，确定绿色信贷发展的方向、覆盖的范围和重点支持对象。因此，统一绿色信贷标准是非常重要的。以下是一些可能的措施：

(1)国家标准的制定。政府可以制定绿色信贷的国家标准，为金融机构提供指导和依据。这种标准可以包括环保、社会责任、可持续发展等方面的要求，以确保绿色信贷的合规性和有效性。政府应依据国际认同、国内统一、清晰可执行的思路，尽快制定出一系列通用标准，包括信息披露标准、通用基础标准、信用评级评估标准、产品服务标准、风险管理保障标准及统计共享标准等[236]。同时，坚持标准的公平性、统一性、完备性原则，协调好绿色信贷标准的规划、制定、实施、修订过程，使各方位的标准耦合协调，合力最大化。对于认定标准与其他国家差异较大的绿色信贷项目，应依据我国国情，分层次有步骤发展，逐步与国际标准接轨。对于世界领域尚未有统一标准的全新的绿色信贷项目，我国在制定标准时应坚持高水平、严要求的原则，发挥自身优势，同时加强与各类国际组织、非政府组织、双多边金融机构的合作，积极参与绿色信贷的国际标准制定，提升我国绿色投资的影响力和国际话语权。

(2)金融机构内部标准的制定。金融机构可以制定自身的绿色信贷内部标准，以符合国家标准要求。为了规范绿色信贷的发展，许多金融机构内部制定了统一的绿色信贷标准。以下是一些金融机构内部制定绿色信贷标准的例子。

①赤道原则。赤道原则是由国际金融机构制定的一套自愿性标准，旨在规定

金融机构在项目融资中应该考虑的环境和社会风险。这些原则适用于全球各地的项目融资，包括但不限于能源、交通、水利、采矿等领域。目前，全球已有 68 家金融机构采用了赤道原则，其中包括中国银行、工商银行、建设银行等。

②中国银行业的绿色信贷标准。国家金融监督管理总局于 2012 年发布了《绿色信贷指引》，明确了中国银行业发展绿色信贷的基本原则和要求。该指引包括以下内容：金融机构应当制定绿色信贷发展战略，明确绿色信贷的发展目标和具体措施；金融机构应当加强绿色信贷的风险管理，确保绿色信贷的风险可控；金融机构应当加强绿色信贷的信息披露，提高透明度。

③欧盟的可持续金融分类标准。欧盟的可持续金融分类标准是欧洲委员会为了规范欧盟内部的可持续金融市场而制定的。该标准旨在规定金融产品和服务在环境、社会和治理方面的标准和要求。该标准已于 2021 年 1 月 1 日正式实施。

8.2.3 绿色信贷的识别

绿色信贷的识别一般从以下几个方面来进行。

(1)环保标准：绿色信贷项目必须符合相关的环保标准，这是绿色信贷最基本的要求。环保标准包括环境影响评价、环境保护设施验收等。

(2)产业政策：绿色信贷项目必须符合国家环保、节能等相关产业政策，如《新能源汽车产业发展规划(2021—2035 年)》《中华人民共和国清洁生产促进法》等。

(3)能源效率：绿色信贷项目必须符合能源效率相关要求，如《贷款项目能源效率评估管理办法》《工业和信息化部关于进一步加强工业节能工作的意见》等。

(4)环境检测：绿色信贷项目必须通过环境检测，证明其符合相关环保标准，如《环境保护产品技术要求 工业废气吸附净化装置》《中华人民共和国大气污染防治法》等。

(5)审查制度：绿色信贷项目必须通过银行的环保审查，保证其符合环保、节能等相关要求。

(6)信息公开：绿色信贷项目必须公开相关信息，接受社会监督，如环境影响评价报告、节能减排数据等。

(7)激励机制：绿色信贷项目必须具有激励机制，鼓励企业采取环保、节能措施，如优惠利率、财政补贴等。

在我国大力倡导绿色信贷促进绿色经济全面发展的大环境下，国家、地方各层面出台了大量的支持政策，一方面为绿色发展创造了便利宽松的条件，另一方面也产生了套利空间。绿色信贷统一有效的识别机制依然没有，使得一些本质属于非绿的项目“漂绿”“洗绿”为绿色项目，取得绿色信贷的资金，这些企业的目的不在于革新技术、改善环境、治理污染，这与绿色信贷的目的相背离。同时，由于识别机制的模糊，会使得投资者的鉴别成本增加，鉴别的效率较低，也会给污染企业提供继续生长的空间。所以，建立精准有效的绿色信贷识别机制，一方面可以提高绿色市场的信用度，降低“漂绿”“洗绿”概率；另一方面也可以降低投资者的风险，有效量化投资的成本与风险[237]。另外，建立健全第三方评审制度是一种重要的识别机制。第三方专业的评审机构通过分析，可准确测算出绿色项目产生的环境效益，预测绿色技术带来的节能减排效果及在商业中的可行性，可以使绿色信贷市场的风险定价更为准确可靠。国外的第三方信用评级机构可评估环境内部化问题影响下企业的偿还能力，同时还可测算企业的绿色项目产生的环境成本及效益，为投资企业提供精准的绿色信贷投资评估。

8.2.4 绿色信贷功能维度的完善

绿色信贷功能维度的完善可以从以下几个方面来进行。

(1)政策维度：政府应加强对绿色信贷的引导和扶持，制定相关的政策法规，明确绿色信贷的发展方向和重点，同时为金融机构提供财政支持和优惠政策，激发其参与绿色信贷业务的积极性。绿色信贷应考虑到不同项目的社会、经济功能不同，对公益性绿色项目和盈利性项目制定差异化政策。对于公益性绿色项目，发挥绿色信贷的社会性功能，鼓励支持有实力的企业如大型国企参加，或政策规定政府给予财政扶持。对于盈利性的绿色项目，主要依靠市场化机制，吸引多元化社会资本进入绿色信贷领域，展开绿色项目运营工作。

(2)意识维度：应加强绿色信贷的宣传和培训，提高公众和金融机构对绿色信贷的认识和意识，促使其积极主动地参与绿色信贷业务。

(3)机制维度：建立健全的绿色信贷机制，包括建立绿色信贷统计制度、制定绿色信贷评估标准、建立绿色信贷信息共享机制等，以提高绿色信贷的管理水平和效率。绿色信贷最重要的功能是实现金融资源的绿色配置。同时，加大绿色信贷业务创新力度，如可以采用 PPP 模式，设置合理的风险分担和收益分配原则，鼓励社会资本、国际资本都参与到绿色项目中来，拓宽绿色信贷的融资渠道。

(4)风险维度：建立和完善绿色信贷风险管理体系，包括加强对环保风险的评估、建立环境风险预警机制、加强与环保部门的合作等，以提高金融机构对绿色信贷风险的管控能力。同时，强化风险的测算、缓解、预防和控制，如应关注绿色信贷的风险管理；分析掌握存在的风险因素，进行风险评估，及时处理存在的风险敞口；预防金融系统风险，加大监管力度。绿色信贷的发展有利于服务绿色实体经济，降低绿色项目的交易成本，但是绿色信贷的过度发展可能会造成资金链断裂，从而阻滞绿色产业项目的规模扩大。所以，在促进绿色信贷市场发展的同时，要加大对绿色信贷市场的监管，谨慎推行绿色信贷市场自由化进度，防止出现产业空心化现象。尤其在当前的经济全球一体化趋势下，中国等发展中国家要密切关注主要发达国家金融资本的大量进入。首先，将气候等环境风险纳入金融风险管理体系中，引导银行等金融机构在贷款时，考虑这些风险因素，评估其可能存在的风险敞口。其次，鼓励银行等金融机构形成环境风险长效管理机制，通过进行环境风险情境分析和压力测算，寻求气候环境风险影响银行等金融机构发展的轨迹。再次，建立健全绿色信贷环境风险管理及服务体系，通过调研尝试建立囊括各产业、各区域、多类别的不同程度的气候环境风险的保险机制，建立健全绿色信贷的风险补偿制度。最后，推动金融业的数字化发展，加强金融业的科技研发及应用，将大数据、互联网、人工智能、云计算等新技术应用到对环境风险的识别、实时监控风险、预警风险、及时处理风险等场景中。

通过以上几个方面的完善，可以有效地提高绿色信贷的功能维度，促进其健康发展。

8.3　绿色信贷在光伏产业发展的不同主体维度的政策建议

8.3.1　政府与市场维度

从本书前面的实证结果中可以看出，对光伏产业企业而言，政府的补贴作用不显著。对于绿色信贷而言，政府在发展初期起引导扶持作用，中后期还是要依靠市场的不断成熟完善。

1. 理清政府与市场的关系，界定二者边界

政府和市场是促进绿色信贷发展的两股力量。政府发布一系列的政策制度，保障绿色信贷市场的供求、竞争等行为有序有效进行；建立绿色信贷发展质量评估体系，创新绿色信贷监管模式；建立“有韧性”的绿色信贷市场体系——气候投融资体系；完善绿色信贷基础设施建设，建立规范的具备标准规则的交易市场；加大宣传力度，对投资者展开专业培训教育活动，加强投资责任理念的宣传，鼓励专业服务机构的建立，提升绿色信贷服务质量和效率；充分运用科技管理手段，提升光伏等绿色信贷抗风险能力，建立基于技术创新的涉及绿色信贷项目各利益相关者全生命周期的绿色信贷服务体系。

绿色信贷服务具有正外部性特点，属于公共物品的范畴，理论上应由政府买单。实际上，政府在治理环境污染中，可以起到牵头引导的作用，但是政府的资源、财政毕竟有限，仍需要经过完善的政策规划，采取政府掌舵，众人划桨的方式，引导鼓励更多的资本进入绿色信贷活动中来。同时，对于现代社会的生活方式而言，可以说人人都是环境污染的制造者、排污者，政府应引导动员每个人都参与到环境治理中来，实现环境共治。由此可见，绿色信贷在实践中的参与者涵盖范围很广，包括政府、银行等金融机构、各类企业、个人投资者。同时，还要防止对政府作用的过度依赖。政府起引导带头作用，政府专项基金也会参与其中，这会导致一些光伏企业认为参与绿色信贷项目是有政府兜底的行为，会扭曲市场机制的作用，不利于绿色信贷的可持续发展。因此，政府需重视健全绿色市场机制建设，通过市场化作用将绿色信贷的环境外部性转变为内部化收益，遵循市场规律，将绿色信贷产生的环境和社会效益反映在市场价格中，推进绿色信贷市场的健康可持续发展。因此，一方面，绿色信贷通过政府引导多元化投资者进入，通过建立健全有效的约束激励体系，鼓励各利益相关者协同促进光伏产业的发展；另一方面，建立健全绿色信贷市场体系，通过市场机制和契约精神促进光伏绿色信贷等的公平长效发展。

2. 市场的“无形之手”

我国早在2013年十八届三中全会就提出，市场应在资源配置中起决定性作用。加强市场化机制的作用，就是要优化资源和信贷配置，使信贷资源遵循市场规律在产业间流动。

(1)整体上促进金融市场化水平的提高。随着我国金融测量工具的进步，金融交易市场的推进，使得环境污染的外部性的价格能被正确量化，从而进一步鼓励银行等金融部门发展光伏绿色信贷，扩大绿色信贷市场。金融的市场化可产生规模效应，这将降低绿色项目参与者的信息不对称，使金融部门可以精准获得企业环境信息，提高企业的环境污染惩罚成本，使得环境污染的外部性逐渐内生化为企业成本。在具体操作方面，可以推进第三方服务体系的建设；鼓励律师事务所、信用评级部门等为光伏绿色信贷提供评估咨询，会计师事务所为其提供定制化的投融资咨询；促进绿色信贷相关的第三方机构拓展业务，建成绿色信贷第三方服务体系。

(2)健全环境信息披露机制，缓解市场信息的不对称。首先，综合借鉴现有的企业信息披露渠道，如全球报告倡议组织、气候相关财务信息披露工作组、碳信息披露项目、气候披露标准委员会、绿色保险原则等，建立统一的信息披露内容、流程和方式。其次，完善环境测算指标，开发测算工具、方法，准确评估测算光伏项目等绿色活动的环境效益和碳减排效果。再次，鼓励第三方专业评审机构的发展，为绿色金融项目提供整体的环境、社会风险分析及整体方案策划。最后，建立绿色金融、绿色企业信息共享平台，缓解绿色金融交易市场中的信息不对称，加强对企业“洗绿”“漂绿”的监控、预防及处置的能力。

(3)建立健全有效的绿色信贷激励机制,激发市场的活力与动力。首先,建立形成市场定价机制。建立健全绿色信贷的环境效益测算评估体系,将环境污染成本和减排效果量化,完善我国碳交易市场,使环境成本和效益的价格早日市场化。其次,做好绿色信贷各相关政策之间的协调统筹工作,包括各产业政策、财税政策和区域政策等的耦合协调。完善绿色信贷政策时,要综合考虑多种政策因素,比如财政补贴、税收优惠、市场准入条件及信贷担保等,并纳入绿色信贷成本分析和风险补偿中,使绿色信贷发展实现成本收益可靠、风险可控。再次,绿色信贷监管指标体系的建立。宏观审慎评估体系中逐步加入绿色信贷等绿色金融产品相关指标。然后,扩大贷款融资担保、质押范围。金融机构可以尝试探索用排污权、碳排放权等作为质押品。对开展绿色技术研发和生产的相关企业可采用知识产权质押等手段,银行等金融机构给予便利融资条件。最后,建立完善企业项目的环境影响评估体系。尤其要探索、建立、统一环境损害评估标准,促进评估企业项目对环境影响的流程化、制度化,建立约束和激励制度,加强落实光伏企业等绿色企业的环境保护主体的责任和义务。

3. 政府的"有形之手"

(1)积极发挥在绿色信贷发展中的引导融资作用以及提高政府财政资金的配置效率。①引导融资方面,推广 PPP 模式,以政府的信用,吸引更多社会资本投资绿色项目,优化公私部门合作时的风险收益分担机制。中央及各地方政府应充分整合现有的环境治理方面的专项资金,建立国家及地方层面的绿色发展基金。②政府绿色财政资金的配置效率问题方面。地方政府在目前的考核机制背景下,单一强调节能环保支出总额,弱化投资成果的检验,容易使本就有限的光伏等绿色节能环保资金投向重复性项目及无效项目,使得政府的绿色财政资金资源错配,财政效应差。

(2)提高法治水平和监管水平。目前我国的绿色信贷大多是指导意见,不具备法律效应,执行力不强。法治水平不足、监管不到位,会使绿色信贷市场化的效果大打折扣。法律法规与监管制度的不足,使得市场的绿色准入机制更难以建立并发挥效用。因此,建议依据绿色信贷理念,在《中华人民共和国中国人民银行法》《中华人民共和国商业银行法》《中华人民共和国保险法》《中华人民共和国公司法》《中华人民共和国信托法》《中华人民共和国银产业监督管理法》等现有法律中加入对绿色信贷、绿色发展要求的条例,或对绿色信贷进行单独的立法,明确绿色信贷中参与企业、金融机构等需承担的相应的环境责任和义务。同时,我国可参考借鉴国外的绿色信贷环境方面的立法经验。比如,1980 年美国的《全面环境响应、补偿和负债法案》就明确规定客户造成的环境污染必须由银行负责并承担修复支出,且可以追溯贷方责任，同时，投资人及第三方评级机构均受环境法律条款的约束。2015 年法国颁布的《绿色增长能源转型法案》第 174 条规定，政府需要监测公共和个人能源投资行为。此外，国家可以鼓励支持各省、市、地区依据当地经济发展情况，制定适应当地的有地方特色的绿色金融发展指标体系，对环境保护活动进行量化管理。

(3)促进政府牵头的绿色信贷协同发展。首先，金融发展的目标与基础是经济的发展。绿色信贷发展的目标与基础对应的就是绿色经济的发展。光伏产业等绿色经济的发展包括多种政策，如绿色信贷政策、光伏产业政策的协同发展。其次，金融、产业、环保等一系列绿色政策的协同支撑，是构成绿色信贷政策的基础，光伏项目等绿色项目的环境外部性转化为内生性需要这些政策协同作用，给予足够的约束与激励。政府制定完善的光伏绿色信贷政策，意味着构建的是多维的相关的一系列绿色政策，如绿色信贷政策、光伏产业等绿色产业政策、环保政策等。

(4)充分考虑政府的成本收益。首次，政府应承担部分成本。政府的财政支持对于绿色市场的建设，提高银行等金融机构和企业的积极性，降低绿色信贷成本具有重要作用。同时，加强中央政府与各级地方政府的合作，重点扶持投入资金大，建设周期、收益期长的项目，如光伏、风能、新能源汽车等。政府的专项财政基金、研发补贴、税收优惠措施等，可以降低光伏企业的成本。其次，应将环境收益纳入政府收益中。地方政府，尤其是自然环境资源丰富的区域，应以保护环境为首要职责，因地制宜设计符合当地情况的光伏产业等绿色经济发展规划，把环境外生性核算为内生成本，纳入当地政府发展经济的成本核算体系。中央政府应将绿色 GDP 作为对地方政府的考核，把环境和资源纳入考核体系，结合各地方的自然禀赋条件对应的合理增长进行考虑。

(5)建立绿色信贷信息共享平台。绿色信贷的利益相关者涉及政府、银行等金融部门、环保部门、各产业企业等，众多参与者之间如果存在信息不对称，会大大减弱他们之间的协同作用，使得绿色信贷执行效率低，效果不好。因此，政府部门应加快绿色信贷信息共享平台的建立，发布环保部门、国家金融监督管理总局、各银行及相关企业的各种绿色信贷环境信息，使各参与主体间加强信息交流互通。例如，北京环境交易所率先推出了全国绿色项目库——一个汇集绿色项目及绿色资金的投融资服务平台[238]。此平台一边将目前分散的绿色项目汇集在一起形成项目总库，一边吸引社会资本等各类绿色金融资金，由第三方提供绿色评估认证和增信等服务，降低绿色项目的评估成本及交易风险，提高了绿色投融资双边各自的满足率，有助于达到博弈均衡，使彼此利益最大化。截至 2021 年 5 月，该平台已累计绿色项目 2299 个，融资需求总额 3811.48 亿元。

(6)加强人才培育。目前中国具备绿色信贷相关专业知识的从业者不足,政府应加大力度对绿色信贷专业人才的培育。例如,可以从国外引进优秀的专业人才,对我国已有的从业人员加强培训,扩大培训范围(从基础理论知识到光伏等绿色产业发展状况、金融业发展现状、国家相关政策法律法规等),提升从业人员业务能力素养。同时,对于从业人员增设从业资格考核,实行持证上岗。此外,在高校可考虑增设绿色金融专业方向,招收、培养、储备高水平绿色金融人才。

(7)创新、促进绿色转型。我国地大物博,各省市地区的经济发展不平衡,资源分布不均,环境现状也不同。因此,政策制定时应考虑到地域问题,制定地域差异化的绿色信贷政策。例如,依据不同地域的经济特点、发展现状、融资需要,绿色信贷给出与其相适应的融资方案。尤其我国西部地区的财政有限,所需要的绿色信贷的支持力度更大。此外,关于光伏等绿色产业的技术研发,普遍存在不明朗的市场前景,进行的研发突破是否有效,不明确的盈利时长等问题,其面临的融资约束普遍较大,因此,政府应鼓励引导绿色金融资本支持绿色产业技术研发活动,加快研发成功技术的推广应用,推动光伏等绿色产业的发展,促进产业结构的绿色转型升级。另外,政府应利用创新驱动经济结构绿色转型。创新是科技水平不断提升,生产率提高,产业结构优化,促进经济增长的动力之源。我国政府应加大对光伏等绿色技术、节能减排技术的研发投入,提高绿色生产率和绿色化技术水平。但是,政府的研发资金毕竟有限,因此应鼓励研发创新的"PPP"模式,在发动社会资本创新力量的同时,弥补国家的研发资金问题。

8.3.2　银行等金融产业维度

(1)银行应根据自身性质,发挥优势,展开绿色信贷业务。对国家开发银行等政策性银行,应加大其对环境效益良好但盈利能力差且建设周期长的项目的绿色信贷投入;对四大行等国有商业银行,应执行国家相关绿色信贷政策,且在加强绿色信贷创新的同时,可以创新其他个性化绿色金融产品种类,丰富现有的产品体系。对于股份制商业银行,考虑到盈利性和政治性兼顾的诉求,应加大绿色信贷理念的宣传力度,尤其强调发展绿色信贷对于银行的可持续性发展和长期盈利的影响,鼓励促进股份制银行参与推广绿色信贷业务的发展。目前开展绿色信贷的银行,主要为大型国有银行,因此,应鼓励中小银行等金融机构开展绿色信贷业务,以促进绿色信贷发展,扩大绿色信贷市场规模。中小银行等金融机构在推进绿色经济发展的进程中,对民营光伏企业等的绿色信贷服务可以有效促进民营企业的发展。但目前而言,中小银行等金融机构在绿色信贷中占比较小,同时,民营企业的融资问题一直存在,民营企业的绿色融资更难。民营光伏企业等绿色企业可以与其他企业合作，积极披露自身的环境信息情况，大力宣传自身的绿色效益与发展前景，争取银行等金融机构的绿色信贷扶持。中小银行等金融机构在第三方信息披露平台上精准获取企业环境信息后，可以依据政策为民营企业提供绿色金融服务。

(2)银行等金融产业应不断拓宽绿色信贷的新领域新市场。虽然绿色信贷市场在不断发展，但是实践中，其发展缓慢，机制也不健全。政府可以有针对性的，因地制宜，在不同区域创新不同的绿色信贷产品，扩大绿色信贷产品的覆盖面。目前经济的发展，技术的进步，对绿色信贷的创新发展而言，既是挑战又是机遇。绿色信贷在光伏等新兴领域中的发展，既有助于新兴领域市场的发展，也有助于绿色信贷开发创新新产品适应新市场的需求。目前来看，重要的新兴领域集中在新能源产业、节能环保业，且一般产业致力于发展全产业绿色供应链，这些都是绿色信贷大力支持发展的领域。

(3)银行等金融产业应加快绿色信贷产品创新。金融产业的绿色信贷产品创新、绿色融资制度创新，为光伏产业等的绿色发展提供了主要的资金来源。目前国内银行的绿色信贷，在银行总的贷款余额中的占比仍然较低，且存在同质化、期限错配等问题。银行等金融机构应充分了解掌握客户需求，以此为基础，加快研发、创新绿色信贷产品，提高自身绿色声誉，进而提升其在绿色信贷市场的竞争力，这也能增加政府进一步给予激励政策的意愿。当前，我国绿色信贷服务与光伏企业等实际的需求存在偏差，所以银行等金融机构应从企业的实际需求角度，对绿色信贷产品进行创新。

8.3.3 企业维度

(1)支持光伏等重点产业的发展。我国经济要进入全面的绿色发展，能源、交通等基础领域的绿色发展是关键。绿色信贷的资本配置功能可以引导资金流向这些产业的绿色转型发展。因此，应综合现有的政策、法律，引导资金流向绿色产业项目；以实现宏观调控、绿色转型、绿色增长的良性循环为目标，加强绿色信贷的约束激励机制，提高市场预期，提高绿色金融推动绿色发展的成效；加大对能源结构的优化；引导政策银行、商业银行开展绿色金融产品及服务，对光伏等可再生能源和清洁能源相关的技术、项目加大资金扶持，在绿色信贷涉及的信贷审批、贷款期限、抵质押担保等条件方面实行差异化政策；扩大绿色金融其他产品，如绿色债券、气候债券的市场规模，提高绿色债券市场融资能力。

(2)大型国企在产业中一般处于龙头地位。大型国企发展相对成熟，经验丰富，更了解本产业发展的现状、资金需求和存在的问题。大型光伏国企在绿色信贷中发挥着重要作用，具体表现如下：

①引领作用：大型光伏国企在绿色信贷中具有引领地位，其投资和决策对整个行业有着重要的影响。国企可以利用其资金、技术和人才优势，推动光伏产业的绿色发展，引导金融机构参与绿色信贷业务。建议大型国企发挥自身优势，包括市场占有率优势、资金优势和信息优势，整合产业资源，整改原有的非绿色技术，研发新环保技术，牵头推动所在产业的绿色化发展。对于碳排放较高的传统能源产业国企，积极参与碳排放交易，参与碳市场的建设，发展光伏等新能源项目，寻求降低碳减排成本路径。

②环保意识：大型光伏国企在绿色信贷中应注重环保意识，致力于推广环保理念和可持续发展模式。国企可以借助其影响力，宣传绿色环保理念，提高公众对环保的认识和意识。

③融资支持：大型光伏国企在绿色信贷中应为环保和节能项目提供融资支持。国企可以通过绿色贷款、绿色债券等方式，为光伏项目的环保和节能改造提供资金支持，推动绿色产业的发展。

④风险评估：大型光伏国企会在绿色信贷中建立健全的环境风险管理体系，制定针对性的融资和信贷策略，确保绿色信贷的安全性和可持续性。国企可以借助其经验和技术，为金融机构提供风险评估和风险管理支持。

⑤创新产品：大型光伏国企在绿色信贷中可以开发出更适合光伏产业的融资产品，如能源效率贷款、清洁能源项目贷款等，以满足企业在环保和节能方面的融资需求。

总之，大型光伏国企在绿色信贷中发挥着重要的作用，其投资和决策对整个行业有着重要的影响。国企可以利用其资金、技术和人才优势，推动光伏产业的绿色发展和可持续发展，促进整个行业的环境保护和经济发展。

(3)企业的收益方面。光伏等绿色企业生产的产品，除具备一般产品的社会效益、经济效益外，还有生态效益，存在多元化收益。政府应对生态环境效益建立量化评估体制，通过市场定价机制将绿色产品的生态环境因素作为定价要素之一。首先，应明确属于公共环境及资源的公用公有制属性。政府通过市场机制和相关定价部门协同作用，对生态环境资源定价，将具有公用公有制属性的绿色商品的价格部分或全部按比例分配给所有的参与使用者。这些参与使用者在其公共绿色商品的可持续使用期内，在承诺相关责任及义务前提下，可在市场上出售这些公共商品的使用权，以降低自身成本。这样公共商品的使用率和初期付出成本的参与使用者的预期收益都有提高，有助于减弱公共品的“搭便车”效应。其次，当前我国已建立起包括开采、生产、流通、消费、排放五个环节的生态税收体系，具体的环境相关的税包括环保税、资源税、耕地占用税等。

(4)不同发展阶段光伏企业的建议。光伏产业的发展是我国新能源发展的主力,是需要大力扶持的产业,是光伏绿色信贷资金的主要接收者。光伏产业企业可以根据自身需要,申请绿色信贷,吸引绿色基金等为企业的可持续发展筹集资金。首先,不同光伏企业生命周期特质不同,应采用不同模式的绿色融资,以促进企业的发展[239]。发展初创期的光伏企业信用等级低,资金需求大,需要政府和外部绿色融资资金,比如绿色信贷的助力;成长期的光伏企业信用等级提高,除初创期的绿色融资来源之外,还可在碳交易市场上获得绿色资金;成熟期的绿色企业信用等级最高,发行绿色债券也可获得融资;对于衰退期的光伏企业,盈利水平逐渐下降,获得绿色融资的来源也逐渐减少,可能会依靠之前的信用申请绿色信贷。其次,提高光伏企业的抗风险能力。光伏企业的盈利周期长,风险大。投资者担忧一旦投资绿色项目会无法回收本息,因此这些企业需要提高自身抗风险能力。光伏企业应加强对自身现金流的管控力,做好项目前期预算,且在项目执行期定期监控分析预算支出情况,加强风控力。同时,要防止盲目融资、现金流管理混乱,以免造成资金链的断裂,影响项目的实施。再次,拓宽光伏产业企业的长期融资渠道,扩大规模,解决光伏项目由于期限错配造成的融资约束问题。最后,引进光伏产业等绿色经济的高等人才,对企业高管加强培训。光伏企业涉及的利益相关者众多,绿色信贷在不断的发展完善,政府不断发布新的政策,需要有具备专业绿色经济知识的高等人才来帮企业捋顺各种关系、各种政策,并结合企业自身的特质,探索合适的绿色融资模式。同时,企业高管的眼界影响着企业的发展,有环境意识的高管会加强企业的绿色发展,选择绿色信贷等绿色融资。因此,加强企业高管关于我国绿色发展战略的培训,可以提高他们的环境保护意识。

(5)中小微企业方面。中小微企业在我国光伏产业发展中占有重要地位,但是绿色信贷却难以普及这些企业,使得绿色信贷发展的覆盖面和实际效果都受到了限制。中小银行等金融机构主要服务于中小微企业,近些年环境因素也逐渐被中小银行重视并纳入了信贷决策中。拓宽中小微企业的绿色信贷机制,首先就要提高中小银行等金融机构的绿色信贷水平,这是绿色信贷基础建设的一环,直接关系到中小微光伏企业的发展。具体方式包括:

①政策引导:政府可以出台相关政策,鼓励金融机构为中小微企业提供绿色信贷支持,如财政贴息、担保补贴等,降低企业融资成本,提高金融机构参与绿色信贷的积极性。

②风险分担:金融机构应建立健全的绿色信贷风险分担机制,与中小微企业共同承担环保和节能项目带来的风险,提高金融机构对绿色信贷的信心和参与度。

③专营机构:金融机构可以设立专门的绿色信贷部门,为中小微企业提供专业

的金融服务，如绿色贷款、绿色债券等，以满足企业的多样化融资需求。

④信息共享：金融机构应加强与环保部门、行业协会等的信息共享，提高对中小微企业的信用评级，为绿色信贷提供有力支撑。

⑤创新产品：金融机构可以开发出更适合中小微企业的融资产品，如能源效率贷款、清洁能源项目贷款等，以满足企业在环保和节能方面的融资需求。

⑥培训宣传：金融机构应加强对中小微企业的宣传和培训，提高企业对绿色信贷的认识和意识，促使其积极主动地参与绿色信贷业务。

通过以上几个方面的拓展，可以有效地扩大中小微企业的绿色信贷覆盖面，提高其环保意识和参与度，促进其可持续发展。

(6)强化绿色信贷对企业的激励和监督机制。绿色信贷是一种促进环保和可持续发展的金融工具，但它也需要一定的激励和监督机制来确保其有效性和可靠性。

①激励措施：政府可以采取财政补贴、税收优惠等措施，鼓励金融机构为环保和节能项目提供绿色信贷。同时，金融机构也可以制定相应的优惠政策，如优惠利率、优先贷款等，激励企业参与绿色信贷。

②监督机制：政府和金融机构可以建立绿色信贷监督机制，对企业和金融机构的绿色信贷行为进行监督和评估。这种监督机制可以包括环境保护、社会责任等方面的评估，以确保绿色信贷的合规性和可持续性。同时，优先允许光伏企业将绿色贷款的资产作为常备借贷的担保品。

③信用评级：金融机构可以将企业的环保和社会责任表现纳入信用评级体系，以此来鼓励企业积极参与绿色信贷。同时，政府和金融机构也可以建立相应的数据库和信息共享机制，为信用评级提供支持。政府部门根据实践经验，对参与企业建立市场准入的动态"黑名单""白名单"。由第三方监管机构定期对参与绿色项目的企业进行考核，将业绩较好、保质保量完成项目、信誉度高的企业列入"白名单"，在之后的绿色项目招标中，尤其是政府牵头的 PPP 项目，优先考虑该名单上的企业，培育长期合作方。

④惩罚机制：政府和金融机构可以建立相应的惩罚机制，对违反绿色信贷规定的企业和金融机构进行惩罚。这种惩罚可以包括罚款、暂停贷款、撤销优惠等措施，以加强绿色信贷的约束力和有效性。同时，将业绩较差、信誉恶化、违约的企业列入"黑名单"。除依照规定给予处罚外，还可采取禁止这些企业在一定年限内进入绿色市场，并在解禁之后，如果参与绿色项目招标，应提高对这些企业的审核标准。第三方监管机构可以依据企业动态，定期调整发布这些"黑名单""白名单"，引导规范企业的行为。

通过以上措施的强化，可以有效地激励企业积极参与绿色信贷，同时也可以加强对绿色信贷的监督和管理，确保其有效性和可靠性。

8.4 绿色信贷在农村光伏领域的建议

我国绿色信贷支持农村光伏的发展仍处于初级阶段。在助农实现乡村振兴工作中，在绿色信贷的支持下，急需要形成的是兼顾效率和公平的发展格局。

①制定专门的绿色信贷政策：针对农村光伏领域，政府和银行可以制定专门的绿色信贷政策，明确支持方向和重点，同时简化审批程序，加快贷款发放速度。

②建立和完善征信体系：政府和银行可以合作建立和完善征信体系，加强对农村光伏对象的信用评估和风险管理，降低银行的贷款风险。

③合理设置贷款期限和利率：政府和银行可以根据光伏发电项目的实际收益和还款能力，合理设置贷款期限和利率，同时可以考虑给予一定的财政补贴或优惠措施，降低农户的还款压力。

④加强监管和支持：政府和银行可以加强对农村光伏领域的监管和支持，确保绿色信贷政策的有效实施，同时也可以探索多元化的融资渠道，吸引更多的社会资本进入农村光伏领域。

综上所述，政府和银行应该加强合作，共同推进绿色信贷在农村光伏领域的应用，为推进生态文明建设做出贡献。

8.4.1 政府引导

在农村光伏的绿色信贷中，政府的引导作用主要体现在以下几个方面。

(1)政策制定：政府可以制定相关的政策法规，明确农村光伏绿色信贷的方向和重点，为银行和其他金融机构提供明确的政策引导。政府应结合实践经验需求，制定绿色信贷支持农村产业工作的整体规划和进行相关具体制度的建设。同时，建立相应的激励和约束体系，发挥各方参与者的积极性、主动性，尤其是鼓励、促进银行等金融机构在农村开展绿色信贷工作。政府牵头与农村产业相关部门、银行等金融部门联合研讨，制定针对农村产业工作的各项绿色信贷政策，包括农村产业项目的绿色信贷指引、环评标准等。尤其对农村产业项目的绿色标准应统一、规范，可以在提高农村产业项目的绿色审核效率时，兼顾公平的原则。

(2)财政支持：政府可以通过提供财政支持，如财政补贴、税收减免等方式，激发银行和其他金融机构参与农村光伏绿色信贷的积极性。政府自身也应加大扶持力度，出台相应配套政策，采用税收优惠、贴息等货币财政工具，释放政府积极倡导支持绿色信贷参与到农村产业工作中的信号，引导、带动更多的社会资本参与到农村产业的各种项目和环节中去。

（3）协调配合：政府可以协调各部门之间的合作，确保农村光伏绿色信贷政策的顺利实施。政府还可以引导金融机构与电力公司等其他相关机构进行合作，共同推进农村光伏项目。

（4）监管评估：政府可以对金融机构的农村光伏绿色信贷业务进行监管和评估，确保信贷资金合理、规范地使用，同时也可以对金融机构的农村产业效果进行评估，确保农村光伏工作的有效推进。创新政府对绿色信贷在农村产业领域的监管模式，政府主导，督促、鼓励、引导各参与主体在完成助农工作时，经济效益与环境效益齐考虑，将环境保护意识纳入日常的生产经营活动中，将环境风险纳入考评体系。

总之，在农村光伏的绿色信贷中，政府的引导作用是至关重要的，可以帮助金融机构更好地服务于农村光伏项目，促进农村地区的经济发展和环境保护。

8.4.2　发挥市场作用

发挥市场化作用，提升绿色信贷对农村产业项目的助农效率，可以从以下几个方面入手。

（1）优化政策设计：政府在推进绿色信贷支持农村产业工作时，应充分考虑市场的需求和效应，优化政策设计，提高农村产业效率。例如，政府可以通过差异化的利率、财政补贴等方式，引导银行向农村产业项目提供更多的低成本资金支持。同时，加快绿色信贷在农村产业领域的市场体系建设，不断创新绿色信贷农村产业产品和业务，发挥市场化作用，提升绿色信贷对农村产业项目的助农效率，满足农村工作项目所需的多样化、多层次的绿色融资需要。

（2）完善市场机制：政府应完善市场机制，促进绿色信贷支持农村工作的市场化运作。例如，政府可以引导银行引入市场竞争机制，通过竞争降低绿色信贷的成本，提高农村产业效率。同时，充分发挥市场的调节机制，可以有效协调银行等金融机构和其他投资主体在投入绿色信贷支持农村产业工作中公益性和盈利性、收益低和风险高等问题，培育参与主体开展绿色信贷在农村工作中的可持续内在动力。

（3）加强信息共享：银行之间、银行与政府之间应加强信息共享，提高绿色信贷支持农村产业工作的精准度和效率。例如，银行可以通过共享客户信息、项目信息等，避免重复投入，提高助农效率。

（4）创新金融产品和服务：银行可以通过创新金融产品和服务，满足农村产业项目的多样化需求，提高农村产业效率。例如，银行可以提供个性化的贷款方案、多元化的融资方式等，为农村产业项目提供更加灵活、高效的资金支持。同时，因地制宜，在各个农村地区以农村产业工作的需求为导向，坚持减贫致富和环境保护治理同等重要的原则，协调运用绿色信贷、绿色基金、绿色债券、绿色保险等多种绿色金融产品，将绿色金融在农村产业工作中的成本降低、风险降低，收益提高。

总之，政府、银行和相关机构应加强合作，共同发挥市场化作用，提升绿色信贷对农村产业项目的效率，为乡村振兴和推进生态文明建设做出贡献。

8.4.3 发掘社会力量

发掘社会力量参与到绿色信贷支持农村产业工作中，可以从以下几个方面入手。

(1)银行业务拓展：银行可以通过拓展绿色信贷业务，为农村产业项目提供更多的资金支持。同时，银行还可以通过创新金融产品和服务，为社会力量提供更加灵活多样的投资选择，吸引更多的社会力量参与到绿色信贷支持农村产业工作中。

(2)社会组织参与：各类社会组织(如环保组织、慈善机构等)可以积极参与到绿色信贷支持农村产业工作中，为农村地区提供资金、技术、人才等方面的支持。政府可以与这些社会组织建立合作关系，共同推进绿色信贷支持农村产业工作。

(3)个人参与：个人也可以参与到绿色信贷支持农村产业工作中，可以通过捐赠、投资等方式为农村地区提供支持。同时，政府和社会组织也可以通过设立慈善基金、公益项目等方式，吸引更多的个人参与到绿色信贷支持农村产业工作中来。

通过以上几种方式，可以有效地发掘社会力量参与到绿色信贷支持农村产业工作中，形成政府、银行、社会力量和个人共同参与的多元化助农实现乡村振兴的格局。

8.5 光伏绿色信贷可持续发展建议

前面对光伏产业的绿色信贷的主要参与主体、农村光伏领域分别给出了政策建议，本节专门就光伏绿色信贷整体给出其可持续发展的建议。

(1)设置光伏企业准入门槛，保证优质企业进入光伏贷市场。如江都农村商业银行发布的《光伏电站贷合作单位准入规定》，从准入门槛上预防光伏贷款风险。对于违规的企业，停止合作，规范、约束企业保质保量建设安装光伏电站。同时，制定明确的政策和法规。政府应制定明确的政策和法规，引导和规范金融机构参与光伏绿色信贷业务。政策和法规应包括对光伏项目的评估标准、贷款期限和利率、财政支持和优惠等。

(2)宣传光伏贷款政策时,确保用户对光伏项目的收益与风险有足够的认知,不做虚假夸大收益和忽略风险的宣传,明确用户的权责,将贷款还款流程精准告知。明确告知用户光伏贷款的用途是帮助其建设户用光伏电站,电站建好后属于用户财产,电站的发电收益是用来还款的主要途径,贷款必须按协议归还,从而提高用户监督电站建设质量,积极维护电站运行的主动性,并加强还款责任心。同时,推动创新和发展。金融机构应推动产品和服务创新,以更好地满足光伏绿色信贷的需求。这可能包括为光伏项目提供多元化的融资方式、开发专门的金融产品等。

(3)引入保险机制,进行风险补偿,鼓励用户积极购买。如鼓励用户购买财产险,在自然灾害等意外损坏光伏电站时,可以由保险赔偿损失。企业在建设电站时,可为用户协助办理产品质量险,保证光伏发电板的使用期至少10年,发电衰减率不应过高等。同时,加强风险管理。金融机构应加强风险管理,确保光伏绿色信贷业务的可持续性。这包括对光伏项目的环境、社会和治理风险进行评估、监控和管理的机制,以及有效的贷款回收和不良资产处理措施。

(4)贷款程序化,加强全流程风险的可控性。首先,统一标准化光伏贷款流程,预防操作风险。其次,成立相应对口部门,专业化运营光伏贷款项目。切实做好光伏贷款的贷前审核、贷后监督工作,尤其是光伏贷涉及的时长较长。贷前的审核主要包括对企业产品质量的审查、安装能力的审核、用户的还款能力及意愿等。通过加强保险、还款协议等清晰借贷方权责,规避贷后出现纠葛。贷后监督审查包括对电站发电量的监控、企业对电站故障处理的及时性、电站的日常运维保养等,监督企业加强建后的运维工作,保障电站正常运行。

(5)政府、银行、企业合作,助推光伏贷款健康有序发展。政府制定相关政策及制度标准,对企业的光伏电站组件的质量、安装验收、售后运维都制定相应标准,规范光伏贷款市场。银行实施优惠利率等政策,加大光伏贷款的宣传工作,开发光伏贷款新模式,简化贷款流程同时,加强防范贷款风险。企业提高自身专业化水平,从产品到服务,全方位全流程保障光伏电站的高效长期运行,保障用户电站持续收益的产生。同时,加强合作与协调。金融机构应加强与其他相关机构(如政府部门、电力公司、科研机构等)的合作与协调,共同推动光伏绿色信贷的发展。这有助于优化资源配置、共享信息和经验、协同解决问题,从而实现光伏绿色信贷业务的可持续发展。另外,提升意识和能力。政府和金融机构应共同努力,提升光伏绿色信贷的意识,培养专业人才,开展培训和宣传活动,让更多的人了解和参与光伏绿色信贷业务。

8.6 本章小结

我国当前经济结构和发展方式的转变,扩大了对绿色信贷的需求,迫切需要提高绿色信贷供给质量和水平。本章结合绿色信贷实际发展情况和之前对绿色信贷企业产业等的实证分析,从多维度给出了促进绿色信贷发展的建议。比如,就绿色信贷政策方面,提出要在明确绿色信贷内涵的基础上统一绿色信贷标准,精准识别绿色信贷项目,不断延伸、扩展绿色信贷的功能。对于主要参与主体,即政府、银行、企业,本章都分别给出了建议。比如,应发挥政策性银行的优势,加强绿色信贷的市场开发、机制构建等基础设施的建设;由政府资本牵头,用 PPP 模式吸引社会资本,积极探索光伏项目发展的盈利模式,以政府为入口,市场为出口,提高绿色信贷市场的活力;针对不同层次光伏企业等客户的投融资需求,利用大数据技术,与第三方支付平台合作,在确认风险可控的情况下,加大对企业发展绿色项目所需资金的扶持。同时,本章对于绿色信贷在农村光伏领域的发展,在政府引导、发挥市场作用和发掘社会力量方面给出了建议。最后,本章对于光伏绿色信贷的可持续发展给出了建议。

第9章

总结与展望

9.1 研究结论

随着全球环境的恶化，资源的枯竭，绿色信贷与光伏等绿色产业发展之间的紧密关系日益成为政策制定者和学者们的研究热点。本书主要以光伏企业、农村光伏为研究对象，实证研究了绿色信贷在光伏企业、农村光伏项目发展中的作用和产生的影响，并对绿色信贷政策如何进一步促进中国光伏产业的发展进行了研究探索。本书的研究结论如下：

首先，本书通过对我国目前的绿色信贷发展的状况、实践经验及存在的问题的梳理、总结分析发现，我国目前的绿色金融市场主要以绿色信贷为主，其他绿色金融产品较少。我国绿色信贷业务对高污染高能耗企业主要体现为信贷约束，对光伏等绿色企业表现为信贷支持，但绿色信贷的总量仍然较少。

其次，中国光伏产业在全球光伏产业中占有举足轻重的地位，但是我国光伏产业的发展过程曲折，尤其信贷融资方面。2013—2015 年，中国光伏企业的信贷受到严重限制，2016 年开始的光伏绿色信贷缓解了光伏产业的融资困境。本书创新性地构建了一个博弈模型，分析了政府、银行和光伏企业在光伏企业融资过程中的行为，并首次尝试在光伏产业中采用准自然实验来研究贷款对企业绩效的影响。博弈分析表明，政府的支持行为和企业的贷款决策都与政府支持企业的成本无关。同时，本书利用中国光伏上市公司 2007—2017 年的面板数据，建立 DID、PSM-DID模型，实证表明，限制银行贷款对光伏企业绩效有影响，光伏绿色信贷的出现使得光伏企业贷款情况好转、绩效好转，政府的补贴对企业绩效无明显影响。结果表明，信贷限制对光伏企业具有负面影响，反之，光伏绿色信贷对光伏企业的发展具有良好的促进作用。

再次，本书研究了绿色信贷对我国农村光伏成功实施的影响。本书采用政府、企业和农户三方进化博弈和冲突分析图模型方法进行研究，研究表明：①政府监管和企业、农户的积极参与是实现三方共赢的关键；②政府在监督和鼓励企业和农户积极参与、解决企业和农户冲突方面发挥着主导作用；③农户应在农村光伏项目中有一定比例的出资，这部分出资是绿色信贷在农村光伏项目中成功实施的关键，它来源于农户的农村光伏贷款；④绿色信贷可协助农户解决融资难问题。

最后，本书结合绿色信贷实际发展情况和本书之前对光伏企业产业、农村光伏等的实证分析，以绿色信贷促进光伏等绿色产业发展为出发点，从多维度给出了发展绿色信贷政策的建议。绿色信贷促进我国光伏等绿色产业的发展主要要发挥各参与主体的作用，完善其功能。同时，要发挥银行优势，利用好政府的有形之手和市场的无形之手，加强加快绿色信贷市场的开发建设。对于不同层次的企业和项目，如一般光伏企业项目、农村光伏项目，应在确认风险可控的情况下，精准识别项目，加大对各个对象发展绿色项目的资金扶持。

9.2 不足之处

首先，在理论研究上，本书对绿色信贷在光伏产业发展中的内涵及特征挖掘可能还不够完整，随着我国光伏等绿色产业的发展，绿色信贷政策的不断完善，后续对其还将进一步延伸修正。本书对于绿色信贷参与主体，即政府、银行、企业，理论分析了他们的作用，实证研究了他们的行为。比如在实证研究获得贷款对光伏企业绩效的影响时，建立博弈模型分析了三个参与主体的行为，但它没有深入研究模型中显示的其他关系，如中央政府与地方政府行为不同。这些行为的实证检验将是未来研究的一个有价值的课题。同时，如何理顺政府、银行和企业之间的关系，对促进光伏产业的健康发展也是必要的。

其次，本书研究了政府补贴对企业绩效的影响。由于分类原因，本书对企业的环境补贴、研发补贴等都没有分开。在未来数据允许的情况下，环境补贴、研发补贴等可以取代政府补贴，研究其对光伏等绿色企业的影响。由于目前企业环境信息披露不是强制性的，缺乏权威的环境数据，所以本书没有对环境效益进行研究，这将是今后的研究方向。

最后，限于篇幅，本书只研究了光伏企业，而绿色企业还有很多，且发展路径不同，可能影响也不同。农村产业项目也有很多，本书只研究了农村光伏。此外，本书主要研究绿色信贷对企业绩效的效果，而绿色金融还有绿色债券、绿色保险、绿色基金等多种产品，这些产品可能也会对光伏等绿色产业的发展产生一定的影响。

9.3 研究展望

首先，我国的农村工作已进入新时代，依据国家层面的战略规划，我国目前已全面转向乡村振兴，面对的人群更广，情况可能更复杂，对绿色信贷的需求更多元化，故本书应该根据新的发展变化，进一步研究探讨绿色信贷对我国光伏产业从而对乡村振兴的影响和促进作用，提出更适合我国光伏产业和农村发展变化的绿色信贷政策的建设建议。

其次，对于光伏企业的研究，之后可以扩展到新能源电动汽车、风能等其他产业领域，考察绿色信贷对这些绿色企业的影响，也可以对绿色产业企业之间做横向的对比研究。

最后，本书在考虑绿色信贷中的利益相关者时，涉及的主要有政府、银行、企业、农户，可能仍有其他的利益相关者会影响到绿色信贷促进企业及项目的发展，影响到博弈决策问题，故后续可以进一步研究完善。

参考文献

[1] DAFERMOS Y, NIKOLAIDI M, GALANIS G. Climate change, financial stability and monetary policy[J]. Ecological Economics, 2018, 152: 219 - 234.

[2]张厚美,谢玲.财政投入力度应与污染防治攻坚任务相匹配[EB/OL].(2021 - 01 - 14)[2023 - 08 - 03]. http://www.zhhjw.org/a/qkzz/zzml/202012/gz/2021/0114/7655.html.

[3]中国环境污染治理行业投资总额近几年占比情况及未来成长空间解读[EB/OL].(2019 - 04 - 26)[2023 - 08 - 03]. www.sohu.com/a/312240543_733340.

[4]关于印发《全国生态脆弱区保护规划纲要》的通知[EB/OL].(2008 - 09 - 27)[2023 - 08 - 03]. http://www.gov.cn/gongbao/content/2009/content_1250928.htm.

[5]莫光辉.绿色减贫:脱贫攻坚战的生态扶贫价值取向与实现路径:精准扶贫绩效提升机制系列研究之二[J].现代经济探讨,2016(11):10 - 14.

[6]吴高辉,岳经纶.面向2020年后的中国贫困治理:一个基于国际贫困理论与中国扶贫实践的分析框架[J].中国公共政策评论,2020,16:1 - 29.

[7]何德旭,程贵.绿色金融[J].经济研究,2022,57(10):10 - 17.

[8]LEE J W. Green finance and sustainable development goals: The case of China[J]. The Journal of Asian Finance, Economics and Business, 2020, 7(7): 577 - 586.

[9]ZHANG D, ZHANG Z, MANAGI S. A bibliometric analysis on green finance: Current status, development, and future directions[J]. Finance Research Letters, 2019, 29: 425 - 430.

[10] COWAN E. Topical issues in environmental finance[J]. Economy and Environment Program for Southeast Asia, 1998(11): 1 - 20.

[11] LINNENLUECKE M K, SMITH T, MCKNIGHT B. Environmental finance: A research agenda for interdisciplinary finance research[J]. Economic Modelling, 2016, 59: 124 - 130.

[12]WANG Y, ZHI Q. The role of green finance in environmental protection:

Two aspects of market mechanism and policies[J]. Energy Procedia, 2016, 104:311-316.

[13] WANG K, TSAI S, DU X, et al. Internet finance, green finance, and sustainability[J]. Sustainability, 2019, 11(14):3856.

[14]何茜.绿色金融的起源、发展和全球实践[J].西南大学学报(社会科学版), 2021,47(1):83-94.

[15]IVANOVA N G, KATSYUBA I A, FIRSOVA E A. Green finance[J]. IOP Conf. Series: Earth and Environmental Science, 2021, 689:1-6.

[16]XU X, LI J. Asymmetric impacts of the policy and development of green credit on the debt financing cost and maturity of different types of enterprises in China[J]. Journal of Cleaner Production, 2020, 264:121574.

[17]NABEEH N A, ABDEL-BASSET M, SOLIMAN G. A model for evaluating green credit rating and its impact on sustainability performance[J]. Journal of Cleaner Production, 2021, 280:124299.

[18]CONTRERAS G, BOS J W B, KLEIMEIER S. Self-regulation in sustainable finance: The adoption of the equator principles[J]. World Development, 2019, 122:306-324.

[19]张长征,陈睿启.绿色信贷对商业银行核心竞争力的影响[J].财会月刊,2023(16):128-137.

[20]董捷.我国绿色金融发展的现状、问题和对策[J].工业技术经济,2013,32(3):156-160.

[21]杨灿,朱玉林.国内外绿色发展动态研究[J].中南林业科技大学学报(社会科学版),2015,9(6):43-50.

[22]李诗洋,李晓明,杨楠.绿色金融在中国的实践与发展[J].国际融资,2021(1):16-21.

[23]李建强,赵大伟.打造绿色金融体系路在何方[J].金融理论与实践,2017(2):105-107.

[24]ZHANG B, YANG Y, BI J. Tracking the implementation of green credit policy in China: Top-down perspective and bottom-up reform[J]. Journal of Environmental Management, 2011, 92(4):1321-1327.

[25]GUO Q, ZHOU M, LIU N, et al. Spatial effects of environmental regulation and green credits on green technology innovation under low-carbon economy background conditions[J]. International Journal of Environmental Research

and Public Health,2019,16(17):3027.

[26]王康仕. 工业转型中的绿色金融:驱动因素、作用机制与绩效分析[D]. 济南:山东大学,2019.

[27]ACOSTA L A,MAHARJAN P,PEYRIERE H M,et al. Natural capital protection indicators: Measuring performance in achieving the sustainable development goals for green growth transition[J]. Environmental and Sustainability Indicators,2020,8:100069.

[28]TRIPPL M,BAUMGARTINGER-SEIRINGER S,FRANGENHEIM A,et al. Unravelling green regional industrial path development:Regional preconditions, asset modification and agency[J]. Geoforum,2020,111:189-197.

[29]韩先锋,肖坚,董明放. 绿色金融发展的碳减排效应[J]. 资源科学,2023,45(4):843-856.

[30]DIKAU S,VOLZ U. Central bank mandates,sustainability objectives and the promotion of green finance[J]. Ecological Economics,2021,184:107022.

[31]王馨,王营. 绿色信贷政策增进绿色创新研究[J]. 管理世界,2021,37(6):173-188.

[32]喻旭兰,周颖. 绿色信贷政策与高污染企业绿色转型:基于减排和发展的视角[J]. 数量经济技术经济研究,2023,40(7):179-200.

[33]De SANTIS R,ESPOSITO P,LASINIO C J. Environmental regulation and productivity growth: Main policy challenges[J]. International Economics,2021,165:264-277.

[34]TAMAZIAN A,BHASKARA R B. Do economic,financial and institutional developments matter for environmental degradation? Evidence from transitional economies[J]. Energy Economics,2010,32(1):137-145.

[35]ROBYN O,GERALDINE B,LYON F. Enabling investment for the transition to a low carbon economy: Government policy to finance early-stage green innovation [J]. Current Opinion in Environmental Sustainability,2018,31:137-145.

[36]戚湧,王明阳. 绿色金融政策驱动下的企业技术创新博弈研究[J]. 工业技术经济,2019,38(1):3-10.

[37]李建,窦尔翔. 绿色金融发展的现实困境与塔福域治理模式构建[J]. 福建论坛(人文社会科学版),2020,339(8):113-125.

[38]牛海鹏,张夏羿,张平淡. 我国绿色金融政策的制度变迁与效果评价:以绿色信

贷的实证研究为例[J]. 管理评论,2020,32(8):3-12.
[39]王康仕,孙旭然,王凤荣. 绿色金融、融资约束与污染企业投资[J]. 当代经济管理,2019,41(12):83-96.
[40]田辉. 绿色金融需国内国际并行[J]. 中国金融,2016(18):26-27.
[41]夏天添,李明玉. 环保投入、政策扶持与绿色金融效率[J]. 技术经济与管理研究,2019(7):68-72.
[42]易纲. 完善全球金融治理 促进世界经济增长[J]. 南方企业家,2016(11):40-42.
[43]纪洋,谭语嫣,黄益平. 金融双轨制与利率市场化术[J]. 经济研究,2016(6):45-57.
[44]李建. 绿色金融促进产业结构优化的作用机制及对策[J]. 生产力研究,2020(2):5-9.
[45]张海波,孙健慧. 政银企三方博弈下绿色金融发展策略研究[J]. 金融理论与实践,2019(7):24-33.
[46]王建发. 我国绿色金融发展现状与体系构建:基于可持续发展背景[J]. 技术经济与管理研究,2020(5):76-81.
[47]李善民. 奖惩机制下绿色信贷的演化博弈分析[J]. 金融监管研究,2019,7(5):83-98.
[48]刘爽. “绿色金融”背景下上市公司环境信息披露研究[J]. 北方金融,2020(7):3-8.
[49]李亮,李晓红. 高质量发展背景下绿色金融纳入央行 MPA 考核的制度设计与实证分析[J]. 管理学刊,2019,32(4):32-40.
[50]李淑文. 低碳发展视域下的绿色金融创新研究:以兴业银行的实践探索为例[J]. 中国人口·资源与环境,2016,26(S1):14-16.
[51]杜莉,张鑫. 绿色金融、社会责任与国有商业银行的行为选择[J]. 吉林大学社会科学学报,2012,52(5):82-89.
[52]陈凯. 绿色金融政策的变迁分析与对策建议[J]. 中国特色社会主义研究,2017(5):93-97.
[53]MAO Y, BAO J, ZHOU X, et al. Entrepreneurs' characteristics impact on proactive environmental strategy: Enterprise ownership as a moderator[J]. AIP Conference Proceedings, 2019, 2106(1): 1-6.
[54]LUCAS M T, NOORDEWIER T G. Environmental management practices and firm financial performance: The moderating effect of industry pollution-

related factors[J]. International Journal of Production Economics, 2016, 175:24-34.

[55]WANG Y, LU T, QIAO Y. The effect of air pollution on corporate social responsibility performance in high energy-consumption industry: Evidence from Chinese listed companies[J]. Journal of Cleaner Production, 2021, 280: 124345.

[56]HUANG L, LEI Z. How environmental regulation affect corporate green investment: Evidence from China[J]. Journal of Cleaner Production, 2021, 279:123560.

[57]YANG X, HE L, ZHONG Z, et al. How does China's green institutional environment affect renewable energy investments? The nonlinear perspective[J]. Science of the Total Environment, 2020, 727:138689.

[58]李中.绿色金融创新与我国产业转型问题研究[J].当代经济,2011(7):6-8.

[59]连莉莉.绿色信贷影响企业债务融资成本吗?:基于绿色企业与“两高”企业的对比研究[J].金融经济学研究,2015,30(5):83-93.

[60]BERGSET L. The rationality and irrationality of financing green start-ups [J]. Administrative Sciences, 2015, 5(4):260-285.

[61]陈楚.产业绿色发展:政府行为、企业意愿与民间资本选择[J].河海大学学报(哲学社会科学版),2019,21(2):57-68.

[62]王康仕,孙旭然,王凤荣.绿色金融发展、债务期限结构与绿色企业投资[J].金融论坛,2019,24(7):9-19.

[63]HE L, ZHANG L, ZHONG Z, et al. Green credit, renewable energy investment and green economy development: Empirical analysis based on 150 listed companies of China[J]. Journal of Cleaner Production, 2019, 208: 363-372.

[64]凌玲,董战峰,林绿,等.绿色金融视角下中国金融与环保产业关联研究:基于多年投入产出表的分析[J].生态经济,2020,36(3):51-58.

[65]肖黎明,李秀清.绿色证券对企业绿色投资效率的影响:基于六大高耗能行业上市企业的检验[J].金融监管研究,2020(12):78-97.

[66]陈创练,单敬群,刘晓彬.信贷流动性约束、宏观经济效应与货币政策弹性空间[J].经济研究,2022,57(6):101-118.

[67]李天时,祝继高.地方政府产业政策与城市商业银行信贷资源配置:基于城市商业银行贷款数据的实证研究[J].南开管理评论,2023,26(2):131-142.

[68]CHENG L T W,LEUNG T Y. Government protection,political connection and management turnover in China[J]. International Review of Economics and Finance,2016,45:160-176.

[69]JIN H,QIAN Y,WEINGAST B R. Regional decentralization and fiscal incentives:Federalism,Chinese style[J]. Governing Rapid Growth in China:Equity and Institutions,2009,89:353-380.

[70]MONTINOLA G,QIAN Y,WEINGAST B R. Federalism,Chinese style:The political basis for economic success in China[J]. World Politics,1995,48(1):50-81.

[71]ZHOU L. Governing China's local officials:An analysis of promotion tournament model[J]. Economic Research Journal,2007,7:37-49.

[72]兰日旭,李昆.近代中国银行监管体系探析:基于政府与银行公会的视角[J].财经研究,2021,47(1):124-134.

[73]何平,李纯元.我国存款保险推进与问题银行治理:基于利益相关者视角[J].学术研究,2021(11):93-101.

[74]BRANDT L,LI H. Bank discrimination in transition economies:Ideology,information,or incentives?[J]. Journal of Comparative Economics,2003,31(3):387-413.

[75]关书,成力为,许丽丽.政府补贴、企业创新模式与出口复杂度[J].科研管理,2023,44(1):48-55.

[76]孙传旺,魏晓楠.市场激励型环境规制、政府补贴与企业绩效[J].财政研究,2022(7):97-112.

[77]CHEN X,LEE C W J,LI J. Government assisted earnings management in China[J]. Journal of Accounting and Public Policy,2008,27(3):262-274.

[78]DEGRYSE H,VAN CAYSEELE P. Relationship lending within a bank-based system:Evidence from European small business data[J]. Journal of Financial Intermediation,2000,9(1):90-109.

[79]李静,陆玲玲,张淑安.不良贷款约束下的商业银行成本效率及再分解:基于拓展的成本方向距离函数模型[J].管理现代化,2021,41(3):6-10.

[80]刘若鸿,黄玖立.地方产业政策与债券融资成本[J].中国工业经济,2023(6):118-136.

[81]明雷,黄远标,杨胜刚.银行业监管处罚效应研究[J].经济研究,2023,58(4):114-132.

[82]丁宁，吴晓. 存贷比监管改革与银行风险承担：来自中国商业银行的准自然实验[J]. 金融研究，2023(2)：96－114.

[83]赵静，郭晔. 金融强监管、影子银行与银行系统性风险[J]. 中国管理科学，2023，31(7)：50－59.

[84]钟覃琳，夏晓雪，姜付秀. 绿色信贷能激励企业环境责任的承担吗？[J]. 管理科学学报，2023，26(3)：93－111.

[85]何德旭，张庆君，陈思，等. 资产数字化、银行风险与“双支柱”调控[J]. 经济研究，2023，58(1)：38－55.

[86]DENG L，JIANG P，LI S，et al. Government intervention and firm investment [J]. Journal of Corporate Finance，2020，63(C)：78－82.

[87]陈其安，王雯，周红军，等. 国有股权、政府隐性担保与国有企业银行贷款[J]. 系统管理学报，2022，31(3)：577－588.

[88] KORNAI J，MASKIN E，ROLAND G. Understanding the soft budget constraint[J]. Journal of Economic Literature，2003，41(4)：1095－1136.

[89]白俊，刘园园，邱善运. 地方政府放权与信贷配置效率：基于地方国企金字塔结构的视角研究[J]. 金融论坛，2019，24(10)：70－80.

[90]EICHENGREEN B. Restructuring sovereign debt[J]. Journal of Economic Perspectives，2003，17(4)：75－98.

[91]GURIEV S. Red tape and corruption[J]. Journal of Development Economics，2004，73(2)：489－504.

[92]陈彪，罗鹏飞，杨金强. 银税互动、融资约束与小微企业投融资[J]. 经济研究，2021，56(12)：77－93.

[93]YUAN C，LIU S，YANG Y，et al. An analysis on investment policy effect of China’s photovoltaic industry based on feedback model [J]. Applied Energy，2014，135：423－428.

[94]LUO G，LONG C，WEI X，et al. Financing risks involved in distributed PV power generation in China and analysis of countermeasures[J]. Renewable and Sustainable Energy Reviews，2016，63：93－101.

[95]ZOU H，DU H，REN J，et al. Market dynamics，innovation，and transition in China’s solar photovoltaic(PV) industry：A critical review[J]. Renewable and Sustainable Energy Reviews，2017，69(10)：197－206.

[96]姜德波，彭程. 城市化进程中的乡村衰落现象：成因及治理：“乡村振兴战略”实施视角的分析[J]. 南京审计大学学报，2018，15(1)：16－24.

[97]王四春,许雪芳.推进绿色金融助力乡村振兴[J].人民论坛,2020(8):106-107.

[98]陈思妤.兴业银行乡村绿色金融发展问题研究[D].成都:西南财经大学,2019.

[99]冯亮.中国农村环境治理问题研究[D].北京:中共中央党校,2016.

[100]赵津津.城市污染向农村转移的现状、原因与对策[J].人民论坛·学术前沿,2018(10):88-91.

[101]任缙.绿色金融与脱贫攻坚的内在联系与衔接路径[J].环境保护,2019,47(1):47-49.

[102]赵杰.我国绿色金融发展的减贫效应实证研究[D].昆明:云南财经大学,2020.

[103]孙宇翔.绿色金融与精准脱贫关系探讨[J].中小企业管理与科技(中旬刊),2019(11):63-66.

[104]王波,郑联盛.绿色金融支持乡村振兴的机制路径研究[J].技术经济与管理研究,2019(11):84-88.

[105]程翠云,李雅婷,董战峰.打通"两山"转化通道的绿色金融机制创新研究[J].环境保护,2020,48(12):35-39.

[106]王劲屹.中国农村构建绿色金融体系路径探索[J].现代经济探讨,2019(1):128-132.

[107]王林钰,陈浩,陈思源,等.城市层面能源-经济-环境-社会耦合协调发展的动态演化与实证分析:以江苏省为例[J].北京理工大学学报(社会科学版),2022,24(1):51-64.

[108]马诗萍,刘倩倩,张文忠.空间视角下的能源-经济-环境关系研究进展与展望[J].地理科学进展,2022,41(8):1530-1541.

[109]STRAM B N. Key challenges to expanding renewable energy[J]. Energy Policy,2016(96):728-734.

[110] LENZ L, MUNYEHIRWE A, PETERS J, et al. Does large-scale infrastructure investment alleviate poverty? Impacts of rwanda's electricity access roll-out program[J]. World Development,2017(89):88-110.

[111]CHIRAMBO D. Towards the achievement of SDG 7 in sub-Saharan Africa: Creating synergies between power Africa, sustainable energy for all and climate finance in-order to achieve universal energy access before 2030[J]. Renewable and Sustainable Energy Reviews,2018(94):600-608.

[112]DHINGRA C, GANDHI S, CHAUREY A, et al. Access to clean energy services for the urban and peri-urban poor: A case-study of Delhi, India[J]. Energy for Sustainable Development, 2008(12): 49 - 55.

[113]ZHANG T, SHI X, ZHANG D, et al. Socio-economic development and electricity access in developing economies: A long-run model averaging approach[J]. Energy Policy, 2019(132): 223 - 231.

[114]MAINALI B, AHMED H, SILVEIRA S. Integrated approach for provision of clean energy and water in rural Bangladesh [J]. Groundwater for Sustainable Development, 2018(7): 239 - 249.

[115]YADOO A, CRUICKSHANK H. The role for low carbon electrification technologies in poverty reduction and climate change strategies: A focus on renewable energy mini-grids with case studies in Nepal, Peru and Kenya [J]. Energy Policy, 2012(42): 591 - 602.

[116]LIU J, ZHANG D, CAI J, et al. Legal systems, national governance and renewable energy investment: Evidence from around the world[J]. British Journal of Management, 2021, 32: 579 - 610.

[117]XU X, WEI Z, JI Q, et al. Global renewable energy development: Influencing factors, trend predictions and countermeasures [J]. Resources Policy, 2019, 63: 103 - 106.

[118]GLOMSRØD S, WEI T, AAMAAS B, et al. A warmer policy for a colder climate: Can China both reduce poverty and cap carbon emissions? [J]. Science of the Total Environment, 2016(568): 236 - 244.

[119]BHATTACHARYYA S C. Renewable energies and the poor: Niche or nexus? [J]. Energy Policy, 2006(34): 659 - 663.

[120]MBOUMBOUE E, NJOMO D. Potential contribution of renewables to the improvement of living conditions of poor rural households in developing countries: Cameroon's case study[J]. Renewable and Sustainable Energy Reviews, 2016(61): 266 - 279.

[121]LI Y, ZHANG Q, WANG G, et al. A review of photovoltaic poverty alleviation projects in China: Current status, challenge and policy recommendations[J]. Renewable and Sustainable Energy Reviews, 2018, 94: 214 - 223.

[122]WU Y, KE Y, WANG J, et al. Risk assessment in photovoltaic poverty

alleviation projects in China under intuitionistic fuzzy environment[J]. Journal of Cleaner Production,2019,219:587-600.

[123] WANG C, CHENG X, SHUAI C, et al. Evaluation of energy and environmental performances of solar photovoltaic-based targeted poverty alleviation plants in China[J]. Energy for Sustainable Development,2020,56:73-87.

[124]HUANG F,LIU J,WANG Z,et al. Of jobs,skills,and values:Exploring rural household energy use and solar photovoltaics in poverty alleviation areas in China[J]. Energy Research & Social Science,2020,67:42-46.

[125]方时姣.西方生态经济学理论的新发展[J].国外社会科学,2009(3):12-18.

[126]赵成美.生态经济学理论研究的挑战与取向[D].济南:山东师范大学,2012.

[127]孙若梅.生态经济学研究中理论和前沿进展的几点评述[J].生态经济,2018,34(5):54-59.

[128]MEBRATU D. Sustainability and sustainable development:Historical and conceptual review[J]. Environmental Impact Assessment Review,1998,18(6):493-520.

[129]张晓玲.可持续发展理论:概念演变、维度与展望[J].中国科学院院刊,2018,33(1):10-19.

[130]HELLMANN T,MURDOCK K,STIGLITZ J. Financial restraint:Towards a new paradigm[J]. The Role of Government in East Asian Economic Development,1997(5):163-207.

[131]彭玉镏.金融约束理论对中国金融改革的启示[J].生产力研究,2008(13):103-105.

[132]张荭.危机与政府干预理论的演变逻辑[D].南昌:江西财经大学,2014.

[133] STAGER D. Economics of the public sector[J]. Economic Analysis & Canadian Policy(Seventh Edition),1992(12):107-112.

[134]王遥,潘冬阳.中国经济绿色转型中的金融市场失灵问题与干预机制研究[J].中央财经大学学报,2015(11):29-34.

[135]弗里曼.战略管理:利益相关者方法[M].王彦华,梁豪,译.上海:上海译文出版社,2006.

[136]王晓毅.绿色减贫:理论、政策与实践[J].兰州大学学报(社会科学版),2018(4):28-35.

[137] SOUNDARRAJAN P, VIVEK N. Green finance for sustainable green

economic growth in India[J]. Agricultural Economics,2016,62(1):35 - 44.
[138]贾斯淇,姜春吉. 绿色信贷对我国商业银行的影响研究[J]. 商业经济,2021(5):172 - 173.
[139]许雪芳,覃宇冰. 我国绿色金融发展的实践经验与提升路径[J]. 人民论坛,2020(30):72 - 73.
[140]中国人民银行研究局. 中国绿色金融发展报告[M]. 北京:中国金融出版社,2019.
[141]钱立华,方琦,鲁政委. 中国绿色金融:从银行到资管:中国绿色金融发展趋势展望(下篇)[J]. 金融发展评论,2019(11):52 - 76.
[142]曾金华. 国开行海外绿色信贷促进多方共赢[EB/OL]. (2016 - 08 - 04)[2023 - 08 - 03]. http://intl. ce. cn/specials/zxgjzh/201608/04/t20160804_14484239. shtml.
[143]张伟伟,陈立铭,郭丽华. 我国绿色信贷政策的运行机制及实施路径[J]. 当代经济研究,2016(1):91 - 96.
[144]马梅若. 绿色金融"三大功能""五大支柱"助力实现"30 · 60 目标":访全国政协委员、经济委员会副主任、人民银行副行长陈雨露[J]. 中国金融家,2021(3):31 - 33.
[145]外交部:中国对世界减贫贡献率超过 70%[EB/OL]. (2020 - 10 - 20)[2023 - 08 - 03]. http://www. gov. cn/xinwen/2020 - 10/20/content_5552568. htm.
[146]《关于创新机制扎实推进农村扶贫开发工作的意见》[EB/OL]. (2014 - 01 - 25)[2023 - 08 - 03]. http://www. gov. cn/zhengce/2014 - 01/25/content_2640104. htm.
[147]佚名. 我国将实施精准扶贫十项工程[J]. 老区建设,2015(1):4.
[148]国家能源局主要负责人出席联合国"2021 年能源高级别对话会:能源行动之年"全球视频启动仪式[EB/OL]. (2021 - 03 - 11)[2023 - 08 - 03]. http://www. nea. gov. cn/2021 - 03/11/c_139802288. htm.
[149]徐璇,黄俊灵,温珂. 我国光伏产业政策变迁的间断均衡性:基于政策过程理论[J]. 科技管理研究,2022,42(20):48 - 56.
[150]王思远. 尚德大败局[J]. 商周刊,2013(7):51 - 53.
[151]佚名. 银监会:警示九大行业五类企业风险[J]. 中国农村金融,2013(8):27.
[152]李瑞. 光伏产业信贷潜藏风险[J]. 中国金融,2019(11):101.
[153]梁志鹏副司长:分布式光伏因需而建[EB/OL]. (2014 - 05 - 16)[2023 - 08 - 03]. https://guangfu. bjx. com. cn/news/20140516/511623. shtml.

[154]SUN H H,ZHI Q,WANG Y B,et al. China's solar photovoltaic industry development: The status quo, problems and approaches [J]. Applied Energy,2014(118):221 - 230.

[155]HE Y,PANG Y,LI X,et al. Dynamic subsidy model of photovoltaic distributed generation in China[J]. Renewable Energy,2018(118):555 - 564.

[156] ZHANG S. Innovative business models and financing mechanisms for distributed solar PV(DSPV) deployment in China[J]. Energy Policy,2016 (95):458 - 467.

[157]JIA J,XU J,FAN Y,et al. Willingness to accept energy-saving measures and adoption barriers in the residential sector: An empirical analysis in Beijing,China[J]. Renewable and Sustainable Energy Reviews,2018,95(7): 56 - 73.

[158]审计署解读2016年第二季度国家重大政策措施贯彻落实情况跟踪审计结果公告[EB/OL]. (2016 - 08 - 03)[2023 - 08 - 03]. http://www.gov.cn/zhengce/2016 - 08/03/content_5097178.htm.

[159] 2017年第三季度国家重大政策措施贯彻落实情况跟踪审计结果[EB/OL]. (2017 - 12 - 08)[2023 - 08 - 03]. http://www.gov.cn/xinwen/2017 - 12/08/content_5245321.htm#1.

[160]朱慧容."农村光伏"卡壳:计划收入3千元,实际到手300块[EB/OL]. (2016 - 12 - 09)[2023 - 08 - 03]. www.sohu.com/a/121132036_114960.

[161]JI Q, ZHANG D. How much does financial development contribute to renewable energy growth and upgrading of energy structure in China? [J]. Energy Policy,2019(128):114 - 124.

[162]"两会"上大佬们提的农村光伏只是看上去很美?[EB/OL]. (2016 - 03 - 11) [2023 - 08 - 03]. www.sohu.com/a/62992082_354760.

[163]ZHANG S. Analysis of DSPV(distributed solar PV)power policy in China [J]. Energy,2016(98):92 - 100.

[164]AMMAN J. BRICS bank grants first solar PV loan in China[J]. Energy Monitor Worldwide,2016(10):1.

[165]全国76家支持光伏贷银行列表及介绍[EB/OL]. (2017 - 06 - 22)[2023 - 08 - 03]. https://news.solarbe.com/201706/22/115152.html.

[166]"光伏贷"到底是不是真的?靠谱不?[EB/OL]. (2018 - 04 - 16)[2023 - 08 - 03]. www.sohu.com/a/228403046_100038373.

[167]银行失误要求提前还清“光伏贷”造成农户征信不良责任谁来承担？[EB/OL].(2019-11-06)[2023-08-03]. http://guangfu.bjx.com.cn/news/20191106/1018702.shtml.

[168]张志元，李肸. 共同富裕背景下数字普惠金融减贫有效性研究[J]. 济南大学学报(社会科学版)，2022，32(1)：117-132.

[169]陶以平. 兴业银行的金融扶贫实践[J]. 中国金融，2020(19)：74-76.

[170]邵德东，陈晓静. 光伏扶贫银企联动[J]. 江苏农村经济，2017(10)：51.

[171]孙建武，温荣宝，米安. 奏响金融扶贫最强音：宁陕农商银行金融精准扶贫纪实[J]. 法治与社会，2017(10)：71.

[172]郭小卉，段胜英. 深度贫困地区金融精准扶贫模式探析：以河北隆化县“政银企户保”小额贷款为例[J]. 区域金融研究，2018(11)：43-48.

[173]丁杰，袁也，符号亮. 金融减贫：数字金融与传统金融的互动关系及相对重要性分析[J]. 国际金融研究，2022(9)：14-24.

[174]邹乐乐，陈佩佩，王辉，等. 光伏扶贫项目的问题分析与路径优化：基于安徽阜阳及山西左权的田野调查[J]. 中国软科学，2019(10)：50-60.

[175]赵久龙，陆华东，秦华江. 农村光伏工程为何“晒太阳”[J]. 瞭望，2020(42)：46-47.

[176]LING L，ZHOU X，LIANG Q，et al. Political connections，overinvestments and firm performance：Evidence from Chinese listed real estate firms[J]. Finance Research Letters，2016(18)：328-333.

[177]CHEN C J P，LI Z，SU X，et al. Rent-seeking incentives，corporate political connections，and the control structure of private firms：Chinese evidence[J]. Journal of Corporate Finance，2011，17(2)：229-243.

[178]袁浩. 银行信贷支持江苏中能硅业科技发展有限公司案例研究[D]. 蚌埠：安徽财经大学，2017.

[179]ZHANG P，SUN M，ZHANG X，et al. Who are leading the change? The impact of China's leading PV enterprises：A complex network analysis[J]. Applied Energy，2017(207)：477-493.

[180]ASHENFELTER O，CARD D. Using the longitudinal structure of earnings to estimate the effect of training programs[J]. The Review of Economics and Statistics，1985，67(4)：648-660.

[181]LECHNER M. Methods，the estimation of causal effects by difference-in-difference[J]. Foundations and Trends in Econometrics，2010，4(3)：165-166.

[182] HECKMAN J J I H. Matching as an econometric evaluation estimator: Evidence from evaluating a job training programme[J]. The Review of Economic Studies, 1997, 221(64): 605 - 654.

[183] LEUVEN E, SIANESI B. PSMATCH2: Statamodule to perform full Mahalanobis and propensity score matching, common support graphing, and covariate imbalance testing[J]. Statistical Software Components, 2012 (2): 2.

[184] CALIENDO M, KOPEINIG S. Some practical guidance for the implementation of propensity score matching[J]. Discussion Papers of DIW Berlin, 2005, 22(1): 31 - 72.

[185] XIONG Y, YANG X. Government subsidies for the Chinese photovoltaic industry[J]. Energy Policy, 2016, 99(10): 111 - 119.

[186] SHI X. Restructuring in China's state-owned enterprises: Evidence from the coal industry[J]. China and World Economy, 2010, 18(3): 90 - 105.

[187] SHI X, GRAFTON R Q. Efficiency impacts of the Chinese industrial transition: A quantitative evaluation of reforms in the coal industry[J]. Economic Change and Restructuring, 2010, 43(1): 1 - 19.

[188] YAN J, YANG Y, CAMPANA P E, et al. City-level analysis of subsidy-free solar photovoltaic electricity price, profits and grid parity in China[J]. Nature Energy, 2019, 4(8): 709 - 717.

[189] YUNG C. Entrepreneurial manipulation with staged financing[J]. Journal of Banking and Finance, 2019(100): 273 - 282.

[190] FOWOWE B. Access to finance and firm performance: Evidence from African countries[J]. Journal of Advanced Research, 2017, 7(1): 6 - 17.

[191] HIRSCH J, WALZ U. The financing dynamics of newly founded firms[J]. Journal of Banking and Finance, 2019(100): 261 - 272.

[192] 孙传旺，占妍泓. 电价补贴对新能源制造业企业技术创新的影响：来自风电和光伏装备制造业的证据[J]. 数量经济技术经济研究，2023，40(2)：158 - 180.

[193] TAN Z, TAN Q, RONG M. Analysis on the financing status of PV industry in China and the ways of improvement[J]. Renewable and Sustainable Energy Reviews, 2018, 93(11): 409 - 420.

[194] CORWIN S, JOHNSON T L. The role of local governments in the development of China's solar photovoltaic industry[J]. Energy Policy, 2019

(130):283 - 293.
[195] TONG F. What determines firms' access to credit in the absence of effective economic institutions: Evidence from China[J]. Economics-The Open Access, Open-Assessment E-Journal, 2017(11):1 - 29.
[196] ZHU J, WU Y, HENDERSON F. The way to globalized transformation of the photovoltaic industry: Inspiration from the Suntech bankruptcy reorganization[J]. The Strategies of China's Firms, 2015(1):149 - 164.
[197] XU Q, GAO L. The causes analysis of public policy implementation deviation: Based on a framework of Paul A. Sabatier and Daniel A. Mazmanian[J]. Advances in Social Science, Education and Humanities Research, 2017(157):298 - 303.
[198] WANG T, CHANDA A. Manufacturing growth and local employment multipliers in China[J]. Journal of Comparative Economics, 2018, 46(2): 515 - 543.
[199] XU J, NICKEL S. Proceedings of the tenth international conference on management science and engineering management [J]. Advances in Intelligent Systems and Computing, 2017(502):711 - 723.
[200]变革世界的 17 个目标[EB/OL]. [2023 - 08 - 03]. https://www. un. org/sustainabledevelopment/zh/.
[201] SHI X, LIU X, YAO L. Assessment of instruments in facilitating investment in off-grid renewable energy projects[J]. Energy Policy, 2016(95):437 - 446.
[202] ZHU L, XU Y, PAN Y. Enabled comparative advantage strategy in China's solar PV development[J]. Energy Policy, 2019(133):1 - 9.
[203]关于实施光伏发电扶贫工作的意见(发改能源〔2016〕621 号)[EB/OL]. (2017 - 01 - 12)[2023 - 08 - 03]. http://www. xixia. gov. cn/sitesources/xxxrmzf/page_pc/bmxxgk/xxgkml/zcfg/articlef06bf55cdb6f41b69a83c5b13e004e2d. html.
[204]千座光伏电站调查报告:光伏扶贫的矛盾点与建议[EB/OL]. (2020 - 10 - 13)[2023 - 08 - 03]. https://news. solarbe. com/202010/13/331173. html.
[205]安徽省 2015 年光伏扶贫工程质量检查工作[EB/OL]. (2016 - 03 - 30)[2023 - 08 - 03]. http://www. nea. gov. cn/2016 - 03/30/c_135235345. htm.
[206] LIAO C, FEI D. Poverty reduction through photovoltaic-based development intervention in China: Potentials and constraints[J]. World Development,

2019(122):1-10.

[207] LI Y, ZHANG Q, WANG G, et al. Promotion policies for third party financing in photovoltaic poverty alleviation projects considering social reputation[J]. Journal of Cleaner Production, 2019(211):350-359.

[208] ZHANG H, XU Z, ZHOU D, et al. Targeted poverty alleviation using photovoltaic power in China: Identifying financial options through a dynamic game analysis[J]. Resources, Conservation and Recycling, 2018(139):333-337.

[209]胡滢.基于演化博弈理论的光伏众筹主体的行为策略研究[D].北京:中国石油大学,2019.

[210]CHEN C F, LI J, SHUAI J. Linking social-psychological factors with policy expectation: Using local voices to understand solar PV poverty alleviation in Wuhan, China[J]. Energy Policy, 2021(151):112-160.

[211] ZHANG H M, XU Z D, ZHOU Y, et al. Optimal subsidy reduction strategies for photovoltaic poverty alleviation in China: A cost-benefit analysis[J]. Resources, Conservation & Recycling, 2020(166):105352.

[212]LIU J, HUANG F B, WANG Z H, et al. What is the anti-poverty effect of solar PV poverty alleviation projects? Evidence from rural China[J]. Energy, 2020(218):119498.

[213] SHAN H, YANG J. Sustainability of photovoltaic poverty alleviation in China: An evolutionary game between stakeholders[J]. Energy, 2019(181):264-280.

[214]SMITH J M. The theory of games and the evolution of animal conflicts[J]. Journal of Theoretical Biology, 1974(47):209-221.

[215]FU F, CHEN X, LIU L, et al. Social dilemmas in an online social network: The structure and evolution of cooperation[J]. Physics Letters A, 2007, 371(1-2):58-64.

[216] MELAMED D, SIMPSON B. Strong ties promote the evolution of cooperation in dynamic networks[J]. Social Networks, 2016(45):32-44.

[217] RAUB W, BUSKENS V, FREY V. The rationality of social structure: Cooperation in social dilemmas through investments in and returns on social capital[J]. Social Networks, 2013, 35(4):720-732.

[218]REZAEI G, KIRLEY M. Dynamic social networks facilitate cooperation in

the N-player Prisoner's Dilemma[J]. Physica A: Statistical Mechanics and its Applications, 2012, 391(23): 6199 - 6211.

[219] DENG X, ZHANG Z, DENG Y, et al. Self-adaptive win-stay-lose-shift reference selection mechanism promotes cooperation on a square lattice[J]. Applied Mathematics and Computation, 2016(284): 322 - 331.

[220] SHI D M, YANG H X, HU M B, et al. Preferential selection promotes cooperation in a spatial public goods game [J]. Physica A: Statistical Mechanics and its Applications, 2009, 388(21): 4646 - 4650.

[221] CHEN H, FENG Q, CAO J. Rent-seeking mechanism for safety supervision in the Chinese coal industry based on a tripartite game model[J]. Energy Policy, 2014(72): 140 - 145.

[222] ZHANG H, XU Z, ZHOU D, et al. Waste cooking oil-to-energy under incomplete information: Identifying policy options through an evolutionary game[J]. Applied Energy, 2017(185): 547 - 555.

[223] FRIEDMAN D. Evolutionary games in economics[J]. Econometrica, 1991, 59(3): 637.

[224] CHENG J, LI B, GONG B, et al. The optimal power structure of environmental protection responsibilities transfer in remanufacturing supply chain[J]. Journal of Cleaner Production, 2017(153): 558 - 569.

[225] KEITA S, MANDON P. Give a fish or teach fishing? Partisan affiliation of U. S. governors and the poverty status of immigrants[J]. European Journal of Political Economy, 2017(55): 65 - 96.

[226] 贺兰县六措施促扶贫工作再上新台阶[EB/OL]. (2017 - 09 - 25)[2023 - 08 - 03]. http://www.nxhl.gov.cn/jrhl/zxdt/201709/t20170925_495039.html.

[227] HIPEL K W, KILGOUR D M, BASHAR M A. Fuzzy preferences in multiple participant decision making[J]. Scientia Iranica, 2011, 18(3): 627 - 638.

[228] KILGOUR D M, HIPEL K W, FANG L. The graph model for conflicts[J]. Automatica, 1987, 23(1): 41 - 55.

[229] HIPEL K W, KILGOUR D M, FANG L. The graph model for conflict resolution[M]//IYIGUN C. Wiley encyclopedia of operations research and management science. New York: John Wiley & Sons, Inc., 2011.

[230] ZHAO S, XU H, HIPEL K W, et al. Mixed stabilities for analyzing opponents' heterogeneous behavior within the graph model for conflict resolution [J].

European Journal of Operational Research,2019,277(2):621－632.

[231]XU H,KILGOUR D M,HIPEL K W,et al. Theory and application of conflict resolution with hybrid preference in colored graphs[J]. Applied Mathematical Modelling,2013,37(3):989－1003.

[232]LI J,HAN W,XU H. Credit expansion and concentration in China based on GMCR[J]. Journal of Grey System,2016(28):165－172.

[233]LIAO X,SHI X R. Public appeal,environmental regulation and green investment:Evidence from China[J]. Energy Policy,2018(119):554－562.

[234]崔晓农. 晋能集团发行全国首单光伏债券[EB/OL].(2017－12－04)[2023－08－03]. https://www.163.com/news/article/D4QEQG77000187VI.html.

[235]SHI X. Setting effective mandatory energy efficiency standards and labelling regulations:A review of best practices in the Asia Pacific region[J]. Applied Energy,2014(133):135－143.

[236]陈雨露. 推动绿色金融标准体系建设[J]. 中国金融,2018(20):9－10.

[237]安芮坤,王凤. 环境信息披露制度的国际经验及启示[J]. 宏观经济管理,2021(3):83－90.

[238]北京环境交易所. 绿色资产交易平台[EB/OL].[2023－08－03]. https://www.cgaex.com.cn/.

[239]孙红梅,雷喻捷."绿色融资"的成本差异与影响因素研究:基于绿色债券信用利差分析[J]. 金融论坛,2023,28(2):34－45.

致　谢

本书的完成要感谢一直支持我的家人，感谢在科研路上一直鼓励、启迪我的恩师施训鹏教授，感谢给过我帮助的周德群教授、周鹏教授、王柯英教授、王群伟教授、查冬兰教授、兰峰教授……感谢现在的团队对我的支持，感谢西安交通大学出版社的支持。一路有你们，是我持续科研的动力！